JN012726

未経験、副業でもできる!

民泊1年生の教科書

ぽんこつ鳩子

祥伝社

こんにちは、
副業で民泊をしている
会社員のぽんこつ鳩子と申します
ぽんこつ鳩子
副業で民泊？
通りすがりの
副業に興味ある人
2018年の6月に
民泊をはじめて、
1年間になんと
2000万円程度も
稼げるように
なったんです！
いいよね
才能ある人は…
いえ、私は
別に才能はなく
会社
むしろ民泊をはじめる前は、
仕事で病んで休職をして…
貯金を切り崩して
約700日海外逃亡
してました☆
当時29歳
イエーイ☆
ぽんこつOL！
現実逃避
しかし、その現実逃避先で
運命の出会いがあったのです
えーっ
そんなに
稼げるの!?
鳩子も
やれば？
貧乏旅行をしている友人が
Airbnbというサイトを使って
民泊で稼いでいたのです！
そこで、決意して帰国し、
もともといた会社に復職！
民泊ビジネス、
日本でやったら
面白そう！
鳩子さん
元気になったね

そのタイミングで1軒目の民泊をはじめました!
都内の主要駅から徒歩15分!5DKの戸建て!
ボロ
ボロ
実は、家賃18・5万円に対して給料は約20万円でした…
え?
が!立ち上げたその月から海外の人たちが続々と予約してくれたんです!
フゼイアルネ〜!
しかも海外のお客様はロングバケーションで長期滞在してくれる!
海外の人懐深い!
なんと半年で初期費用100万円をペイ!!
マジで!?
でもさ、そんなにうまくいくの?
疑
そもそも民泊用の物件なんて買えないし…
近隣トラブルになるってニュースで見たことあるし…
集客とか手続きが大変そうだし…
私も同じことを思っていましたそれについてお答えしますと…
うん
うん

ぽんこつ鳩子流
民泊ビジネス5つのポイント
❶意外とはじめやすい！
私のいう「民泊」は、
「転貸許可物件」という又貸しOKの物件を借りて運営するので
初期投資は50万〜150万円程度からはじめられます！
❷ローリスク！
DANGER
安全第一
にげろ〜
何千万円もする家を購入する必要はないので、状況が芳しくない場合は撤退しやすいです！
❸近隣トラブルもほぼなし！
かつてニュースで問題になったのは、2018年6月に「民泊新法」が施行される前の「闇民泊」時代の話！
民泊新法
今は以前と比べれば、クリーンなビジネス環境になっています
❹集客のストレスなし！
集客はAirbnbがしてくれます！
airbnb
最初の手続きと立ち上げはちょっと大変だけど、自分で集客をする必要がないので気持ちがラクです
そんなに高くないでしょ？ハードル
たしかに
それに今だからぶっちゃけるけど…
❺自宅として使えちゃう
民泊をはじめた頃は5DKのボロ戸建てに住みながら、空いてる4部屋を民泊で貸し出してました！
家賃ゼロ☆
広い部屋☆
ボロいけど☆
そんなのもアリなんだ!?

あっ
もちろん、ゲストと同じ環境で過ごしたくない人は、家主居住型にしないでOK！
イメージができてきたかな？
民泊のことならおまかせ☆
他にも聞きたいことあったらなんでも聞いてね！
それじゃ…
ゲストからの問い合わせはどうしてるの？
airbnb
Airbnbのメッセージ機能で返信するだけだからラクです！
英語での問い合わせにどう対応してる？
google
問い合わせ内容も、数パターンに集約されるのでGoogle翻訳を使い倒して、一度作っておいた定型文を片手間に送信しています！
掃除するのめんどくさくない？
めんどくさい
だけど！1回の清掃がウン十万円分の稼ぎと思ったら、
掃除しにいく面倒も耐えられるってもんです♪
レッツラゴー
チェックアウトしたときにのみ、清掃に立ち寄るだけだしね業者さんにお願いしてもOKだよ

最後に1つ聞いていい？

もちろん！

そもそも世の中に希望が持てず民泊する勇気が出ません
どよ〜〜ん…。

News Hato
値上げラッシュ！

給料上がらず！

生活費苦しい！

子育て費用足りない！

老後資金が不安！

たしかに日本は今、暗いニュースが多いよね…

今の日本は海外と比べて物価の安い国になったし、事実、日本にくる外国人も増えているけれど…

ズイ
民泊ビジネスで成功するなんて夢のまた夢だよ！

ズズイ
いいえ！だからこその民泊なんです！

日本は海外から見ても、とても魅力的な国なんです！

今、コロナ禍で鎖国状態だった日本にインバウンドが戻り、
長期滞在する海外の方が増えています！

JAPAN
まさに！これからの日本は「民泊黄金時代」!!

さらに民泊は、日本にいながら、海外の物価水準で稼ぐことができる「最強の副業」です
株式投資よりも再現性が高い！
不動産所有よりも低リスク！
民泊
投資
不動産
1
2
3
今、民泊ビジネスは盛り上がりつつあります！
カッ
先日私も1回の予約で100万円超の宿泊が決まるほどインバウンドは復活しています！
そ、そんなに!?
2019年に3000万人を超えた訪日外国人の数は、
コロナ禍の影響2021年にはわずか約25万人でした
Down…
3000万人
25万人
2021
2019
宿泊施設は軒並み休廃業を余儀なくされました
その影響もあり今、宿泊施設が圧倒的に足りていないのです
HOTEL
じゃあ、経験がなくても副業としての民泊を軌道に乗せる可能性ってあるかな？
民泊の星
あります！
この本は、こんな人たちに読んでもらえるように作った本ですから！
副業を考える会社員
主婦・主夫
老後の蓄えを考える世代
これからじっくり丁寧にお伝えしていきます！

第0章

私が民泊1軒目を立ち上げるまで

第1章 稼げる物件の探し方

第2章 民泊の届出あれこれ

保健所への届出 143

第3章

予約が続々入る「売れるお部屋」の作り方

第4章 売れるサイトを作ってゲストを迎えよう

第5章 民泊は、地方でもうまくいく！

ブックデザイン　田村梓（ten-bin）
イラスト　川口真目
企画　江口祐子
編集協力　六本木博之
DTP　キャップス

第0章

私が民泊1軒目を立ち上げるまで

民泊はじめたら、社長より稼いでました！

2023年が明けた1月、「何かが変わったぞ」という実感がありました。

私が持っている18軒の民泊物件にどんどん予約が入るのです。

「コロナが終わる。いよいよインバウンドの波がくる」という実感が強く湧いてきました。

そんなある日、私が勤めている会社の社長の記事が、とあるビジネス系雑誌に掲載されているのを目にしました。

社員合わせて数千人いる会社なので、私は社長と直接会ったことはありません。

ただ、その記事でわかったのですが、私の会社の社長の年収は約1億円あるのだとか。

ざっくり計算してみると、住民税や所得税で約5100万円は引かれるでしょうから、手取りは約4900万円。**平均すると、月収は約408万円。**

その月の私は、この額以上を稼ぐことができていたのです。

もちろん、民泊の収入は月によって変動しますし、必要経費や税金を払う必要もありますから、純粋な手取りの収入は社長のほうが多いのかもしれません。

でも、なんの取り柄もない普通の会社員の私が、**民泊をはじめてから5年足らずで、そこまで稼げる**ようになっていたことに自分でも驚きました。

では、なぜそこまでになれたのか。

当時の私と似ている境遇の方にも、「自分もできるんだ！」と思っていただけるよう、この0章では**私の民泊1軒目が立ち上がるまでの流れ**をお話ししたいと思います。

29歳女子、仕事に行き詰まり旅に出る

私が「民泊ビジネス」を知ったのは、2016年、世界放浪旅をしている最中でした。

当時の私は29歳、商社に勤める普通の会社員。

ただし、商社勤めといっても、丸の内で働くようなキラキラOLではなく、家電量販店

やホームセンターに日用品を卸す営業の仕事です。重たいサンプルを車に積んで営業先を回るのが日課でした。

職場の人間関係は良好で尊敬する上司もいましたが、同じ部署に女性はあまりおらず、バリバリの体育会系で泥臭い職場です。

年収は当時400万円ほどで、きついけれどブラックではなく、やりがいもありました。とはいえ、営業先から「在庫が足りない」「あの商品が入ってこない」と仕事用の携帯電話は一日中鳴りっぱなし。そんな毎月の営業目標に追われる日々が続いたあるとき、ふと「携帯の電波が届かない場所に行きたい」と思うようになってしまったのです。

あとから考えれば、29歳という年齢も影響していたのかもしれません。

埼玉にある実家を朝早く出て、出社したら営業先を回り、夜遅く帰る毎日――。仕事には慣れたけれど、キャリアを積んでいくうえでロールモデルになるような女性の先輩が周りにいませんでした。**30代を前にして仕事や人生を考えたとき、これからどう生きていけばいいのか迷いが出てきていた**んだと思います。

その頃は入社して6年目。貯金は300万円以上ありました。

もともと旅行好きだった私は、「この貯金を全部使って世界を放浪したい！」という思いにかられるようになります。バックパックを担いで安宿を泊まり歩く貧乏旅行なら、この予算でもできるだろう、と。

とても突飛な発想かもしれませんが、そう思いはじめてからというもの、会社にいても家にいてもそのことが頭を離れませんでした。

そして、それを思いついて半年ほど経った頃、とうとう会社に休職願いを出しました。ただ、会社や仕事を嫌いになったわけではなかったので、「旅に出たいのでしばらく休ませてほしい」「でも、必ず戻ってきます」と伝えました。

私の長期の休暇申請は意外にもあっさりと認められました。福利厚生がきちんとある企業に勤めていることをこれほどありがたいと思ったことはありませんでした。

こうして、２０１６年６月、私は日本を発ったのです。

世界一周の旅の途中で民泊に出合う！

一度仕事を離れたい、とはじめた放浪旅ですが、それは新しい世界に触れる機会となりました。会社員しか知らない私が、世界中でさまざまな人々に出会い、いろいろなコミュニティに接し、会社からお給料をもらう以外の働き方、生き方を実感できたのです。

それは一方で、会社と家の往復に時間を費やし、ほぼ会社の人としか付き合いがない、そんな狭い世界で自分が生きていたんだと思い知らされることでもありました。

そして、決定的な出会いがニューヨークでありました。

旅の最中、ニューヨークに住んでいた日本人の友人に会いにいったのですが、彼も世界中をあちこち旅する人で、ちょうどこれから1カ月、ヨーロッパの旅に出かける間、ブルックリンの自宅を民泊として貸し出すというのです。

今ではリモートワークは当たり前になりましたが、当時はまだ場所にとらわれず、自分がその場にいないのに稼げるというのは、私にとって考えられないものでした。

自宅を民泊として貸し、1カ月でかなりの額を稼いで、また旅に出る。そんな彼の姿を見て、サラリーマン脳だった私は衝撃を受けたのです。

こんなふうにして「不労所得」を得ることができるなんて！

旅をする人が世界中にいる以上、「これは日本でも絶対に儲(もう)かる！」と、私は確信を得たのでした。

約700日間の世界放浪旅から戻った私は、約束どおり、もとの会社に復帰しました。長期の旅行で貯金もだいぶ減りましたし、仕事は続けなければ生きていけません。復帰後しばらくして異動があり、職場は営業職から内勤の事務職になりました。会社にいる間、表面上は、旅に出る前とそれほど変わっていなかったかもしれません。でも、私の頭の中では、民泊のことが次第に大きくなっていきました。

そもそも、私が実家暮らしをずっとしていた理由の1つには、「狭い部屋に住みたくない」というのがありました。

でも、民泊のことを考えているうちに、**「一軒家を借りて、余った部屋を民泊で貸せばいいんじゃない？」**という考えがひらめいたのです。

そうすれば、**「自分が住む家の家賃を民泊からの収入で賄(まかな)いながら、自分も広い家に住める！」**と。そう思うと、ワクワクがとまりませんでした。

よく「同じ家の中に他人を泊めるなんて怖いと思わなかったの？」と聞かれるのです

が、私自身は、海外の民泊に泊まった経験もあり、旅行者が日中は外に出ていて、寝るためだけに帰ってくることを知っていたので、特に怖いとは思いませんでした。

むしろ、放浪旅のあと、何事もなかったように普通の会社員生活に戻っている自分にちょっと違和感を覚えていたので、1カ所でいいから、世界とつながれる場所がほしい、という思いが強かったのです。

はじめての民泊は築40年の一軒家

2018年3月、自分が住むための民泊物件探しがはじまりました。

ここから、私の民泊ビジネスの第一歩がスタートしたのです。


営業職から離れたことで、以前に比べれば残業もなく、自由に使える自分の時間が増えたとはいえ、平日は朝8時に家を出て帰るのは19時すぎ。

20~25時ぐらいの5時間程度パソコンを広げ、いい物件はないかと探す日々でした。

今は民泊物件を紹介する専用のサイトがありますが、当時はその存在さえ知らなかったので、**SUUMO（スーモ）など一般的な物件情報サイトを中心に**しらみつぶしに探していきました。

また、物件探しの合間に、**自分が考えている場所は民泊ＯＫの地域か、狙う物件のある自治体には独自の条例がないかなど、情報を集めて勉強しはじめた**のもこの頃です。

そうやっていろいろ見ながら2カ月ほど経った頃、ある一軒家に目がとまりました。

埼玉の実家から職場に向かう経路としてなじみがある都内の主要駅から徒歩15分の場所。

敷地面積１００㎡で、庭付き2階建ての５ＤＫ。

立地も広さも願ってもない物件です。

ただし、築40年とかなり古く、いずれ取り壊しが決まっていたので、2年間しか借りられない、期限付きの定期借家契約でした。**1カ月の賃料は18万５０００円。**

当時、**私の手取りの給料は月20万円程度**でした。この状況では普通なら「無理だ」と思うかもしれません。

でも、私はあきらめたくなかったのです。

というのも、2カ月探してみた結果、私が狙う「会社と実家の間にあり、主要駅から徒歩圏内でこれだけの広さの一軒家の賃貸」なんてそうそう出てこない、とわかったから。

その家は、1階には8・5畳の洋室、6畳の和室、ダイニングキッチン、風呂、トイレがあり、2階は6・5畳と4・5畳の洋室、6畳の和室、トイレがありました。

そこで、1階の洋室を私の個室にし、ダイニングは共用空間に、残りの4部屋は民泊用にして、海外からのゲストの予約がある程度入れれば、家賃は十分にペイできるという見込みを立てました。

具体的には、**1泊5000円ぐらいで設定し、1カ月にその4部屋を10泊以上稼働させられれば、5000円×4部屋×10泊＝20万円で、家賃と光熱費代ぐらいにはなる、という計算**です。

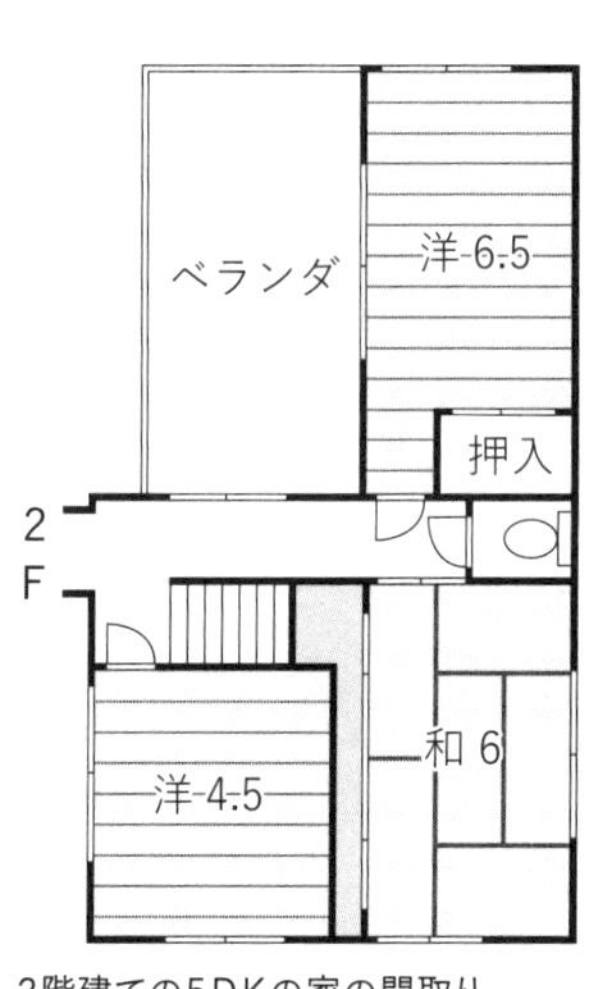

1軒目に借りた、都内の主要駅から徒歩15分、2階建ての5DKの家の間取り

そして、ちょっとずるい考えではあるのですが、うまくいかなかったらすぐにたたんで実家に戻ればいい、と思っていたのも事実です。

私は今、民泊のオンラインサロンをやっているので、いろんな方の民泊ビジネスの相談に乗ることがありますが、そのほとんどが1軒目を決める際の相談です。

「この物件で大丈夫だろうか」「本当にやっていけるだろうか」と心配でいっぱいになるのは、民泊ビジネスをやる人なら誰もが通る道と言って過言ではないでしょう。

私もまったく不安がなかったか、といったら嘘(うそ)になると思います。

でも、**「いざ失敗したら、やめればいい」と腹を括(くく)るのも大事**だと思っています。

それまでの経費はマイナスになるかもしれませんが、民泊の初期費用は概(おおむ)ね100万円前後なので、また働けばなんとか挽回(ばんかい)可能な金額ではないかと思います。

大家さんとの交渉開始

私が惚(ほ)れ込んだ一軒家は、民泊可能物件として掲載されていたわけではありません。

ですから、**民泊の手続きをするためには、大家さんからきちんと許可をいただいたうえ**

で、「転貸承諾書」を役所に提出しなくてはいけません。

私の場合は不動産仲介業者さんを通じて、大家さんに直接交渉をしました。

はじめて会った大家さんは、いくつもの事業をやっているバリバリのキャリアウーマンのような方で、「1階には自分が住んで、2階の部屋を使って民泊をやりたい」「ニューヨークの友人が旅をしながら民泊をやっているのを見て……」などと一生懸命お話しすると、興味深そうに聞いてくれました。

そしてこれはあとでわかったことですが、大家さんとしても、その物件は借り手がつきにくく、頭を悩ませていたようです。

取り壊し前提の古い物件で、2年限定の定期借家契約だったので、ファミリーで借りてもらうのは難しい。

とはいえ、単身者が借りるにはサイズが大きすぎる。

私も後々わかってきましたが、**民泊物件はこのように物件情報サイトを見ながら、貸し手の状況を読み取って、「借り手がつかなくて困っていそうな物件を狙う」のもアリ**なのです（どんな情報がそのヒントになるのかは、1章でお話ししていきます）。

その後、何回か面談を重ねたうえで、その大家さんからは許可が下り、2018年5月、晴れて私は1軒目の民泊物件を手にすることができました。

ちなみに、手取りの月給が20万円程度だった当時の私が、1カ月18万5000円の家賃の物件を賃貸契約できたのは、私自身の熱意、早く借り手を見つけたい大家さん側の事情、親が保証人になってくれたことなど、複数の要因があると思いますが、やはり会社員という肩書きがあったことも大きいでしょう。

旅から戻り、もとの会社にそのまま復職できたことは本当にラッキーでした。

物件の契約前後で大忙し

物件に当たりをつけることができたら、そこからは大忙し。

まずは、**物件を契約する前に、保健所に「ここで民泊をしてOKか？」の確認をし、消防署には「どんな消防設備が必要か？」を確認しておく**必要があります。

さらに、物件の契約後には実際に**保健所へ書類の届出**をしつつ、必要に応じて**消防設備**

の設置をしなくてはいけません。

こういったことをいい加減にすると、物件を借りてから民泊ができないと判明したり、借りた家では大規模な消防設備工事が必要だとわかったり、と大変な目に遭います。

このあたりは、少々複雑かつ重要なポイントなので、のちほど2章で解説します。

また、そんな届出関係をクリアしたら、いよいよお部屋作り。**ベッドやテーブルといった家具や、冷蔵庫などの家電**も必要になります。

とはいえ、当時の私に潤沢な資金はもちろんないので、メルカリやラクマなどのフリマアプリ、近くに住む人のいらなくなったものを譲ってもらうジモティーなどのサービス、ニトリなどの家具量販店などを利用して、20万円ほどでかき集めました。

敷金・礼金・仲介手数料などの費用も総額で80万円ほどはあったので、**この時点で初期費用には100万円ほど**かかっています。

1軒目の室内写真。ダイニング（上）にはジモティーで引き取った家具を置き、客室（下）の布団やシーツはニトリでそろえました

ついに、民泊スタート

そして、いよいよ**「Airbnb（エアビーアンドビー）」という宿泊予約のポータルサイトに物件を登録**しました。

最初に登録したのは、「住宅宿泊事業法（民泊新法）」（63ページ参照）が施行された2018年6月15日の数日後。

実はこのタイミングは新しく民泊をはじめるには、いい時期でした。

民泊新法が施行されたことで、今まで無認可で民泊をやっていた施設や、グレーゾーンで民泊新法の許認可が取れなかった施設が一斉に姿を消したからです。

Airbnbでは、結果的に9割くらいの施設が削除されていました。

でも、私にとってはそれが追い風になりました。

競争相手が一気に少なくなり、当時の私の物件のような少々部屋作りが雑な民泊でも、サイトにアップした途端に次々と予約が入っていったのです。

初日に確定した予約は、すべて海外からのゲストで、3〜4件。

しかも、そのうちの1件は、「翌日から1週間泊まりたい」というスピード感。

部屋や備品はすぐに泊まってもらえるように準備はできていたものの、私自身の心の準備がまだできておらず、サイトにアップしたその日にいきなり「明日行きます」と言われて、ちゃんと対応できるのだろうかと不安にもなりました。

でも、翌日になればゲストはやってきます。

もう、腹を据えて迎え入れるしかない……。


翌日やってきたファーストゲストは、シンガポール出身のカメラマンの男性でした。

チェックインの手続きは、Airbnb のサイトで済みますし、家主居住型だったので鍵の受け渡しはなく、インターホンが鳴ったら迎え入れるだけ。

意外とあっさり終わってしまい、気が抜けてしまうほどでした。

Airbnb のシステムは、とてもシンプルでわかりやすいものです。

ゲストがチェックインするとチェックイン完了のメールが届きます。そしてその約24時間後（翌営業日）に、ゲストが Airbnb に支払った宿泊料金から手数料を差し引いた額が、私の口座に入金されます。

最初の月からもうすでに、家賃＋光熱費を超える収入があり、それからはゲストが泊まるたびに、貯金が増えていくような感じになっていきました。

当初はなんとなく5000円前後に設定していた宿泊料金でしたが、3カ月ほど経つ頃には相場もわかるようになりました。

本当に予約が入るのか不安で、周辺の民泊施設よりも安く、弱気な料金設定をしていたことに気づき、徐々に宿泊料金をアップしていきました。

さらに資金に余裕ができると、フリマやリサイクルで集めた備品や家具なども新しいものに買い替え、2階には1機しかなかったエアコンも各部屋に設置できました。

そうして、徐々に部屋の環境をアップグレードすることで、宿泊料金をより高額に設定することもできるようになります。

その後も順調にゲストを迎えることができ、月々の家賃＋光熱費を賄ったうえで、**敷金・礼金や家具・家電などの初期費用分の100万円も、半年ほどで回収することができた**のでした。

コロナ禍ではひたすら耐え忍ぶ

民泊をはじめて半年ほど、1軒目の物件も好調で、2018年の終わり頃にはすでに金銭的にも余裕ができていたので、もう1軒やってみたいという気になってきました。

民泊可能な物件さえあれば、やるべき手続きはほぼ同じなので、慣れるほど簡単です。

私は、最初は戸建てで民泊オーナーの私も同居する「家主居住型」でしたが、その後は、ゲスト貸し切りにする「家主不在型」で、マンションタイプが多くなりました。

ちなみに、この家主不在型のマンションタイプが民泊では一般的なので、「ゲストと同じ居住空間なんて嫌だ！」と思われた方も安心してください（笑）。

私のマンションタイプ1軒目は、都内の主要駅から徒歩8分で、家賃13万円、1LDKの物件。

このマンションがよかったのは、同じマンション内に他にも空いている部屋がたくさんあり、お金が貯まるたびに部屋数を増やしていきやすかったことでした。

同一のマンション内に複数の部屋を借りて民泊にする場合、手続きなどもまったく同じですし、掃除などもまとめてできます。

万が一、ダブルブッキングや家電などの故障で泊まれないなどのトラブルがあった場合も、すぐに対応が可能になるので、複数の部屋の運営を考える場合にはオススメです。

その他にも、マンションタイプや戸建てタイプの物件があれば、民泊用として賃貸契約し、気づけば２０１９年末には30軒ほどの物件を運用にするようになっていました。


ところが、そこで思わぬ落とし穴が待っていました。

２０２０年に入って突如として湧き起こった新型コロナウイルスのパンデミックです。

もちろん海外からのゲストを対象にしていた私の運営する民泊にも、大きな影響が出ていました。大量のキャンセルが発生し、空室のままの状態が続きました。

そのときは、毎日「どうしよう、どうしよう」と不安ばかりでした。民泊をやっていた同業者の人たちもみんな同じ思いだったと思います。

実際、コロナで民泊事業から完全撤退した人は多かったのですが、私の中では「完全撤退」という文字はありませんでした。

それは**世界一周をした経験から、世界中の人がいかに日本を好きか、ということを実際に目で見て知っていたから**です。

季節ごとに変わる美しい自然、どこに行ってもクオリティの高い食、安全で清潔な都市、日本人の親切で丁寧な国民性……。

みんな、日本に行きたくて行きたくて、たまらないのです。

コロナが終わったら、絶対に外国人観光客は戻ってくると確信していました。

だから、このコロナの間はやることをやって、耐え忍ぶしかない、と覚悟を決めました。

具体的には、それまでイケイケどんどんで増やしてきた物件を整理することにしました。

戸建てはシェアハウスにして入居者を募集し、マンションタイプは立地や間取りなど条件のいい「100点満点」の物件だけを残すことになりました(最終的に残った民泊物件は10軒のみでした)。

また、政府の新型コロナウイルスの支援を受けるため、何度も役所に出向き、書類をそろえました。Airbnbからの補償もあったのは、ありがたかったです。

その頃からTwitterもはじめました。

少しは集客の足しになるかな？　と思ったのと、同じ民泊をやっている人とつながって、他のオーナーさんはどうしているのか情報を得たかったからです。

実際、そこから得た情報は貴重でした。

外国人観光客が全滅でも、ロックダウンで帰国ができないでいる外国人や、自主隔離をしたい医療従事者の方などの予約を取ることができたのです。コロナ禍の後期には、ビジネスビザで日本に来た外国人家族の利用もありました。

状況に合わせてAirbnbに掲載する写真や紹介文を変えるなど、細かい工夫もしました。

今振り返ると、自分でもよく切り抜けたな、と思います。

会社員をやっているだけでは味わえないことを、たくさん経験できたのです。

数ある副業の中でも、民泊がオススメなわけ

前にもお話ししたとおり、私は今でもフルタイムで会社員をしています。

仕事は以前ほどではないにしろ、そこそこ忙しいです。

ただ、そのような中でも民泊を18軒も運営できているのは、決して私が「すごい人」なのではなく、民泊ビジネスならではの特性が味方してくれているからだと思っています。

まずは、**物件を増やして事業の規模が大きくなっても、掃除などを外注していけば基本は1人で完結できる**こと。

加えて、**ゲスト対応はチェックインとチェックアウト時がほとんどなので、あまり時間を取られない**こと。

この2つは副業としてとても魅力的です。

また、私のように会社員をやりながらの副業としていいのは、前にもお話ししましたが会社員であれば物件を借りるときに審査が通りやすいことも挙げられます。

他にも、私が民泊を副業にオススメする理由はいろいろありますので、次にまとめてみました。

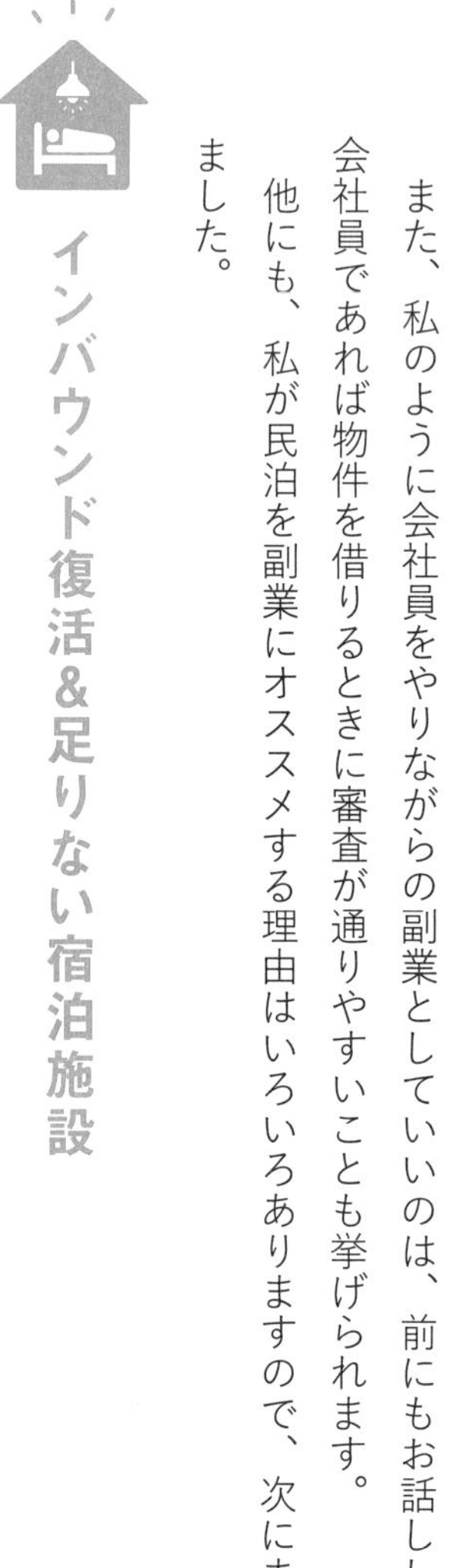

インバウンド復活&足りない宿泊施設

先程もお話ししたとおり、新型コロナウイルスの流行は民泊を含めた宿泊業界にとっては、ものすごい逆風でした。

1年間、完全にコロナ禍に見舞われていた2021年の訪日外国人は約25万人。

コロナ前の2019年には3188万人が海外から日本を訪れていたわけですから、ホテルや民泊が軒並み休廃業に追い込まれたのは、仕方ありません。

しかし、その風向きは2023年に入って完全に変わりました。

みなさんも、街や観光地に行くと、いろいろな国の言葉を耳にする機会が増えたのではないでしょうか？

そう、インバウンドは戻ってきたのです。

ところが、肝心の宿泊施設はというと、コロナ禍前にただでさえ足りていなかったものが、**コロナ禍で減ってしまい、今も宿不足は続いています。**

観光地などの宿の値段はうなぎのぼり。しかも、これから2025年には大阪万博があり、より一層、海外からの観光客が増えることが見込まれているのです。

スイートルームなどでない限り、1部屋に大人数で泊まることが難しい日本の一般的なホテルと違い、**ファミリー単位で戸建てやマンションの1室を自由に使える民泊の需要は、ますます増えている**のです。

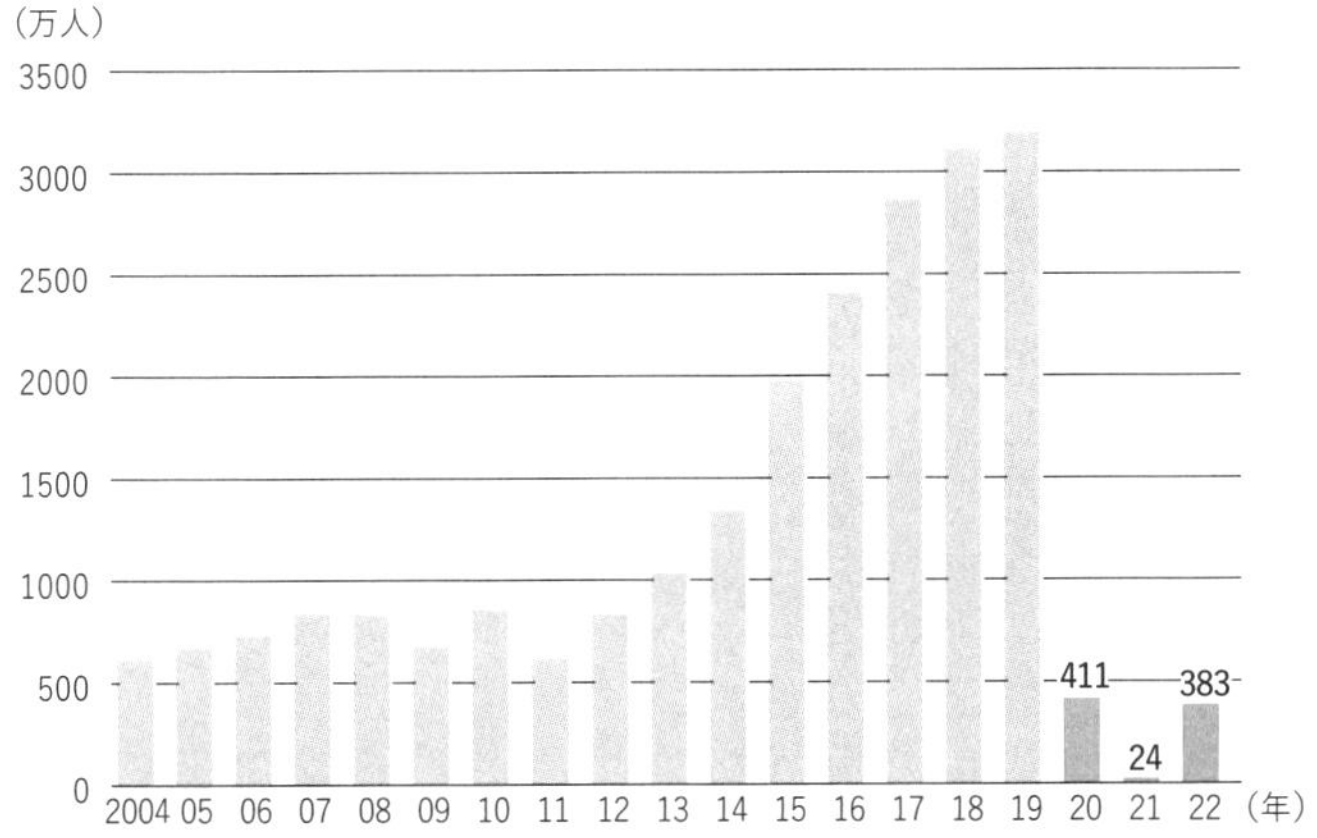

（万人）
3500
3000
2500
2000
1500
1000
500
0
2004 05 06 07 08 09 10 11 12 13 14 15 16 17 18 19 20 21 22（年）
411
24
383

訪日外国人数の推移。日本政府観光局（JNTO）「訪日外客統計」をもとに作成

比較的、低リスクではじめられる

副収入を求めて、いろいろな副業や投資の本を読んだことのある方もいるでしょう。

しかし、やっぱり株式投資は素人には先が読みにくいものですし、不動産を購入して人に貸すというのも、数千万円単位での初期費用がかかります。投資金額に対する収益の割合を表す利回りも都市部の物件では5％前後とも。

一方、**民泊は「買わない不動産投資」とも呼ばれ、自宅を使ったり、家賃が安い物件や家具・家電を安く入手できたりすれば最低50万円程度から、そうでない場合も100万円台の初期費用でスタートが可能**です。

私が初期費用を半年で回収できたように、利回り100％以上も目指せます。

また、いざというときには、引っ越しをするように賃貸契約を解約して、家具や家電も売ることができますし、最低でも2019年の3188万人並みまでは、訪日観光客が戻ると考えると、**まだまだインバウンドのピークはきていません。**

撤退も容易で低リスクでありながら、成功確率も十分にある副業だと思います。

海外水準の物価で収益を得られる

国内的には物の値段が上がって家計を圧迫している中、世界比較でみると「安いニッポン」と言われる、現在の日本の物価。

ところが、民泊にはそれが追い風となります。

多くの民泊は訪日外国人をゲストのターゲットにしているので、日本人の感覚だと「少し高いかな？」と思う料金設定にしても、海外の人からするとそれほど高い印象にはならず、割と普通に予約が決まっていきます。

つまり、**日本にいながら、海外水準の物価で収入が得られる**のです！

訪日外国人のゲストはロングステイしてくれる

日本人と違い、特にヨーロッパからの訪日観光客はバケーションで来日しているので、長期滞在をするケースが多くあります。

そういう人たちには、非日常のホテルよりも、暮らすように泊まることができる民泊を好む傾向があります。スペースが広め＆自分好みで生活用品を使える民泊は、ニーズが高いのです。

ロングバケーションなので、家族単位で何週間も宿泊するような、1回で数十万円の予約が決まることもめずらしくありません。

集客の労力がかからない

副業をやる場合、一番のストレスは集客でしょう。

ＳＮＳでフォロワーを増やしていくのにも、時間と労力がかかります。

でも、**民泊の場合は、予約サイトがその役目を果たしてくれるので、SNSで必死に告知する必要も、街に出てビラを配る必要も、友達を半ば強引に勧誘する必要もなし！**

ゲストがAirbnbで部屋を見て知らぬ間に予約してくれて、しかもAirbnbのシステムがゲストに写真付き説明を送ってくれて、やりとり完了。

ストレスフリーです！

参入障壁があるからこそ、ライバルは限られる

ここまで読んでみて、「でも、物件探しとか、届出とか、家具・家電の準備とかめんどくさそう」と思われた方も少なくないかもしれません。

たしかに私自身、物件を立ち上げて稼働させるまでは、会社帰りの夜の時間を使って作業するなど、ある程度時間と労力を使っています。

でも、**そういった労力があるからこそ、実際に民泊をはじめようとする人が少ない**のは事実です。

きっと、はじめてだと何をすればいいかのイメージがつきにくいこともあるでしょう。
ただ、その方法も決して複雑ではなく、この本を読んでいただければ、おおよそつかめるはずです。

稼げるチャンスが広がっているけれど、ある程度自己資金は必要であり、届出などのめんどくささもあるという参入障壁があるからこそ、ライバルとなるプレイヤーが限られる民泊は、実は穴場の副業なのです。

回るようになったら、自動化も可能

この本では、基本的には、なるべくちいさい初期費用ではじめられるよう、最初は自分で物件探しや届出をすることを念頭において、説明をしています。

でも、**数軒の民泊を運営できるようになって資金に余裕も出てきたら、掃除は業者さんに頼み、届出は行政書士さんに頼み……と、どんどん外注することも可能**です。

私自身も、そうしなければ、とても18軒も運営できません。

売上が増えて、掃除や届出などを得意な専門家に頼めるようになると、いよいよ自分でやることがほとんどなくなって、お金だけでなく自分の時間もどんどん増えていきます。

最初の大変さを乗り越えられれば、本当に自由が待っているのです。

民泊は、6つのステップで立ち上げられる！

民泊のメリットもお伝えしましたが、それでも「やっぱり大変そう」と感じている方も少なくないかもしれません。

でも、そんな一見難しそうな民泊運営ですが、実は手順そのものはシンプル。

では、どんなステップを踏めば、みなさんの民泊は実際に立ち上げられるのか、前段であるこの0章の最後に簡単にお伝えして、1章からの詳しい話に入っていきたいと思います。

やることは、大きく分けて次の6つです。

民泊をやるための6つのステップ

❶

転貸可能な物件を見つける

民泊をやる物件がないとはじまりません。
まずは、大家さんから又貸しの許可をもらった物件（転貸許可物件）を見つける必要があります。
無断転貸は絶対ダメ！
詳しくは、１章でお伝えしていきます！

❷

**事前相談
消防設備工事**

まずは保健所に行ってその物件が民泊に使えるか等、事前相談。
さらに、安全面を確保するために必要な消防設備を消防署で確認！
消火器・自動火災報知設備・誘導灯・非常用照明などを設置します。
詳しくは、２章でお伝えしていきます！

③

必要書類を集め、物件がある自治体の保健所に手続きをして、届出番号をもらいます。手間がかかるので踏ん張りどころ！行政書士さんに頼むこともできます。
詳しくは２章でお伝えしていきます！

④

インテリア・備品をそろえる

お部屋のコンセプトを考えて、家具や家電、食器類などをそろえます。自分が泊まってみたいお部屋作りをしましょう。

プロのアドバイスを受けるのもオススメです。

詳しくは３章でお伝えしていきます！

⑤

インテリアをそろえたら、民泊の予約サイトに載せる写真を撮ります。
お部屋の印象はこの写真で決まるので、力を入れたいところ。プロにお願いするのもＯＫです。
詳しくは４章でお伝えしていきます！

⑥

民泊予約のサイトに掲載

いよいよ民泊予約のポータルサイトに掲載！

私は Airbnb 一択です。

世界に５億人以上のユーザーがいて、手数料も３％と破格。宿泊料も１日ごとに変えられます。

詳しくは４章でお伝えしていきます！

いかがでしょうか。

意外と単純に感じませんでしたか？

サイトに掲載されれば、もうスタートできます！

予約が入るのを待つばかりです。

ちなみに、予約が入ってからはやることは、よりシンプルになります。手順は３つ。

①予約を受ける→②チェックイン・チェックアウト→③掃除をする

究極のところ、民泊はこの３つを順番にぐるぐる回していくだけなのです。

それでは、次の章からいよいよ物件の選び方について、説明していきます！

民泊ビジネスをはじめて鳩子的によかったこと

お金の心配がなくなった!

Airbnbは、ゲストがチェックインした翌営業日には、宿泊費から手数料を引いた額が入金! 複数の物件を運営していると、毎日のようにお金が振り込まれてくるようになるので、口座残高を心配する必要もなくなりました。他の副業と比較しても、このスピード感で収入が得られるのは、なかなかないと思います。

会社に依存しないので気持ちが穏やか!

かつては、仕事で壁にぶつかるとメンタルにも影響してしまうことがありました。でも、民泊をはじめてからというもの、「ここで働き続けないと……」というように、精神的に会社に依存する必要がなくなったので、心に余裕ができ、落ち込むこともほとんどなくなりました。そうなると、逆に会社の空間も悪くないな〜と思えてきて、心穏やかに両立できるようになりました。

はじめは家主居住型が結構よかった！

私は1軒目を戸建てタイプの家主居住型でスタートしました。ゲストと顔を合わせるからこそ、私が望んでいた海外とのつながりも味わいつつ、海外からのゲストの反応も直接知ることができて、民泊オーナーとして成長できた気がします。ちなみに、2章でも述べますが、消防設備の観点からも、家主居住型が一番ラクに開業できます。

1軒目を乗り越えたら、あとはラク！

民泊は1 軒目を立ち上げるまでが一番大変です。でも、2 軒目以降は基本的にやることは同じ。1軒運営するのも複数軒運営するのも手間はほとんど変わりませんし、当然複数運営したほうが収益は大きくなります。ですから最初はあまり欲を出しすぎずにちいさくはじめて、民泊運営に慣れることが大事です。ぜひみなさんにも最初の一歩を踏み出してみてほしいと思います。

第1章

稼げる物件の探し方

まずは、民泊のルールを理解しよう！

この章では、どんなふうに物件を探していけばいいのか、私がどんな物件に狙いをつけているのか、気になった物件を借りるか借りないかの判断をどうしているか、などなどお伝えしていければと思います。

ただし、「さっそく物件を探しましょう！」と言いたいところなのですが、あとで困らないように、あらかじめ民泊に関する基本ルールを知っておく必要はあります。

そこで、ちょっと退屈に感じてしまうかもしれませんが、最初に3つの法律的な区分のお話をしてから、そのあとに本題の物件探しのコツをお伝えしていきたいと思います。

「民泊」とは何かというとき、実は、日本では、「民泊とは、こういうもの」と定めて明記している法令はありません。

ただし、多くの場合、マンションや一軒家などの全部または一部を活用して、ゲストに宿泊場所を提供することを「民泊」ということが一般的です。

とはいえ、そう言われると「じゃあ、同じように人を泊める旅館やホテルとは、どう違うの？」と感じた方もいるでしょう。この**旅館・ホテルと民泊の違いは何かというと――実はそもそもの適用されるルールとなる法律が違う**のです。

宿泊業を行う施設に関する法律として、日本では主に3つの法律があります。

旅館業法

まず、1つ目が「旅館業法」です。これが旅館やホテルといった本来の宿泊業に関する法律です。この法律のもとには、次の3つの形態があります。

- 旅館・ホテル営業：温泉旅館・シティホテル・ビジネスホテル・リゾートホテルなど
- 簡易宿所営業：宿泊する場所を多人数で共用する、ゲストハウス・ユースホステル・カプセルホテル・ペンション・民宿など

●下宿営業：1カ月以上の単位で宿泊させる下宿など

旅館業法の対象になる施設は、都道府県知事、または保健所のある自治体の市長や区長の許可が必要になるため、**副業ではじめるにはハードルが高い**ものになっています。

当然ながら、旅館やホテル、簡易宿所は1年を通じて営業ができますが、用途地域や消防設備などの規制があります。住居専用地域などでは営業が認められず、商店街や大通り沿いの商業地や準工業地などである必要があります。

さらにもう1つ、接道（建物に面している道路）が4m未満の物件も認められません。これは、万が一の場合に緊急車両が入ってこられないからです。

特区民泊

2つ目の法律が「特区民泊」と呼ばれるものです。

正式には「国家戦略特別区域法」といいます。

その名のとおり、特別に認められた区域で、外国人旅行客をメインの対象として、営業する民泊施設です。

2023年4月現在では、東京都の**大田区**、千葉県の**千葉市**、福岡県の**北九州市**、新潟県の**新潟市**、**大阪府**及び**大阪市・八尾市・寝屋川市**が特区民泊を認めています。

この特区民泊は、行政が求める要件を満たすことで認定を受けられるというもので、**難易度としては、旅館業法よりは低く、民泊新法よりは高い**というようなイメ

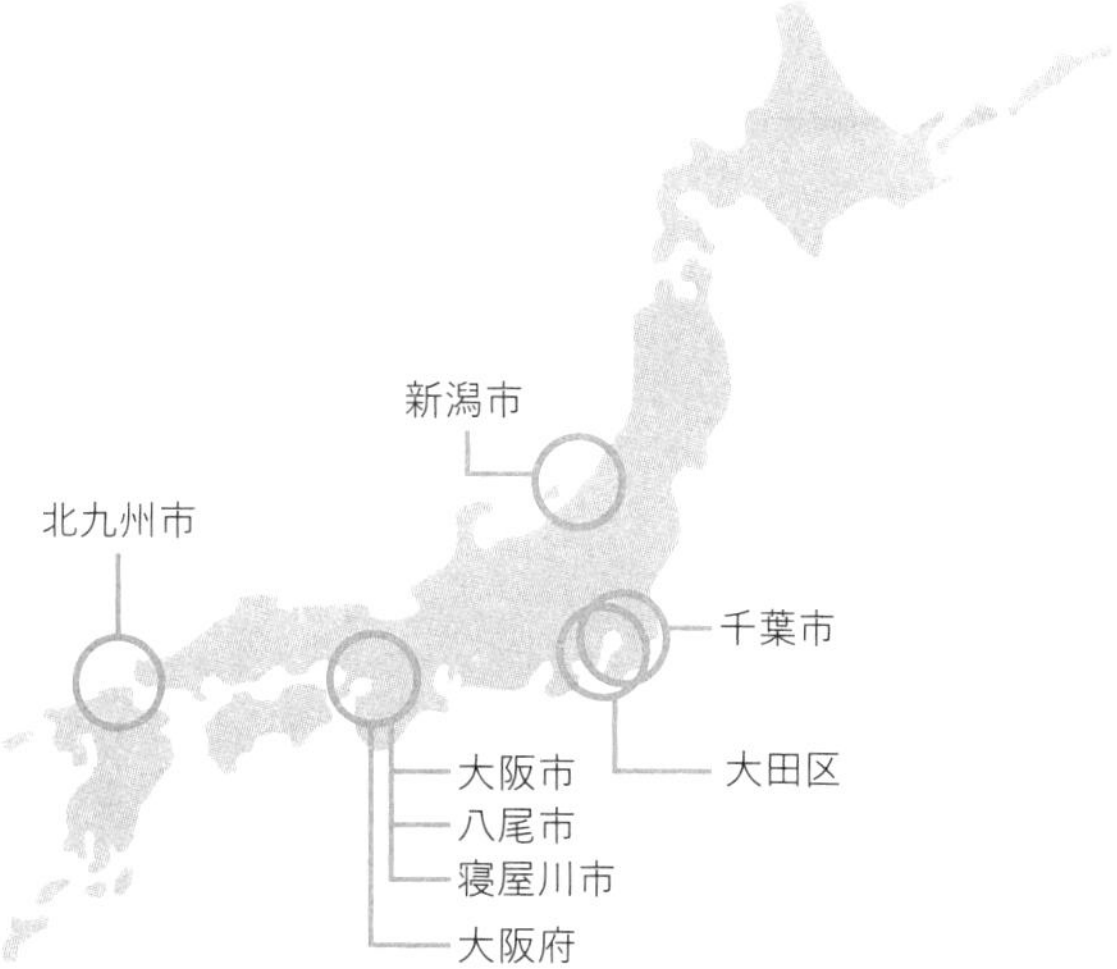

特区民泊が可能な地域。ここに挙がっている都市は民泊に前向きといえます

ージです。

なお、特区民泊は、民泊新法と比較した場合、年間365日の営業が可能というメリットがあります。

ただし、次のように、条件面でやや厳しくなる面もあります。

- 運営できる場所は、国家戦略特区地域のみ
- 1回の予約につき、2泊3日以上のゲストの滞在が必要
- 宿泊者の人数にかかわらず、原則1部屋あたり25㎡以上の広さの確保が必須
- 家主居住型は不可
- 大阪市の場合は住民説明会が必須

私自身は、特区民泊の適用エリアに物件を持っていません。今まで自分の居住地域や通

勤ルートの周辺で縁がなかったからです。
もしこれらの地域が身近にある方なら、やってみるのもいいかもしれません。

民泊新法

3つ目の法律が、これまで説明してきた2018年6月施行の「住宅宿泊事業法」、一般には「民泊新法」の名で知られています。

マンションや戸建て住宅など、一般の住宅を宿泊施設として運営し、有料で宿泊客を泊めることができるようにした法律です。

日本での民泊のブームは、2014年5月に米国発祥のAirbnbが日本上陸を果たしたことがきっかけではじまりました。

最初の1年間で約2220億円のインバウンド消費による経済波及効果をもたらしたといいます。

しかし、当時の民泊のほとんどは旅館業法の宿泊施設にも該当せず、消防設備なども未整備のまま。一種の「闇民泊」のような状態だったといえます。

こうした無許可の「闇民泊」に対し、法的にきちんとした立場を与えたのが、民泊新法でした。

行政に届出のない業者や、虚偽の届出をした運営者は、最大6カ月の懲役もしくは100万円以下の罰金が科されることとなって、結果的に民泊予約のポータルサイトからも多くが消えていったのです。

現在の民泊新法の対象となる宿泊施設は、**1年のうち180日までしかゲストを泊めることができません。**

ただし、**営業をはじめるまでの手続きは簡単で、圧倒的に手間が少なくなります。**

民泊営業が可能な物件であれば、基本的に必要な書類を提出して確認を得るだけではじめられます。

一部の区を除いた東京都内の場合、書類に不備がなければ、**届出が受理されてからだいたい2〜3週間ほど、早いところだと1週間ほどで営業を認める通知がくる**でしょう。

私の経験上、180日の制限があっても十分に稼ぐことはできます。**民泊のハイシーズンは4~12月の9カ月なので、この期間に月に20日稼働させれば、十分な収益を上げることができます**し、オフシーズンの1~3月にもマンスリー賃貸にすることで、民泊新法に縛られずに、稼働させる方法などもあります。

この民泊は、さらに2つに分類することができます。

1つが**「家主居住型」**で、もう1つが**「家主不在型」**です。

前者はその名のとおり、家主が住んでいる建物の一部を民泊として貸し出すタイプです。私が1軒目にやっていたのがこのタイプです。

後者は、家主や管理者が常駐していないタイプです。現在、私がメインに扱っているのは、この家主不在型のマンションタイプです。

こうしたマンションタイプであれば、東京都内でも100万円台の資金からはじめることが可能です。

地方であれば、さらに費用を抑えることができます。

ちなみに、ひとまず物件を探す前段階としては、最低限、民泊新法については、次の囲みの内容を把握しておけば大丈夫でしょう。

- 営業日数は年間１８０日以内
- 部屋の広さは、３・３㎡×宿泊者数以上の床面積が必要
- 部屋の中に、キッチン、浴室（シャワーのみ可）、トイレ、洗面所が設備として必要

ここまでの旅館業法・特区民泊・民泊新法の３つの法律の差については、おおまかですが次のページにまとめたので、確認してみてください。

民泊に関する3つの法律

	民泊新法	特区民泊	旅館業法
許認可等	届出制	認定制	許可制
対象地域	全国	国家戦略特区 指定地域のみ	全国
営業日数	年間180日以内 (自治体によって、条例で制限を上乗せしている場合あり)	年間365日可能 (2泊3日以上の滞在が条件)	年間365日可能
消防設備	家主居住型は不要 (部屋の広さによる) 家主不在型は必要	必要	必要
手続きの難易度	低 → 高		

うまく民泊物件を探す3つの方法

長〜い前置きになってしまいましたが、ここから気持ち新たに、物件を探していきましょう！

一般的な賃貸物件であれば、なんでもいいかというと、民泊の場合はそうはいきません。そこで、うまく民泊用の物件を探す3つの方法をここでお伝えしましょう。

民泊物件専用の賃貸物件ポータルサイト

東京や大阪などの都市部では、**オーナーの転貸許可がすでにあり、民泊に利用できる「転貸許可物件」専門の賃貸物件ポータルサイト**があります。

これが1つ目の探し方です。

オーナーの転貸許可が下りている民泊向けの転貸物件をメインに紹介している代表的な不動産ポータルサイトには、次のようなものがあります。

- 民泊物件.com（https://minpaku-bukken.com）
- MINCOLLE（ミンコレ）（https://www.mincolle.com）
- 部屋バル（https://ta-japan.com）

こちらで紹介されている物件であれば、オーナーとの交渉などの手間が省けます。

私自身もこうした民泊物件用のサイトから何軒か物件を見つけて借りています。

ただし、昨今は需要が多くなっているので、いい物件ほどネットに上がった瞬間に決まってしまいます。

また、面倒な前段階を済ませてくれている物件でもあるので、その分、手数料や賃料が一般の物件に比べて高くなることもあります。

ちなみに、0章で、近隣で不要になった人が放出する家具を集める際に私が使っていた、地元の情報掲示板サイトの**「ジモティー」にも不動産を扱うページ（https://jmty.jp/all/est）**があり、こちらでも転貸物件の検索は可能です。

一般向け賃貸住宅のポータルサイト

2つ目の探し方が一般賃貸住宅のポータルサイトです。

これは、みなさんも賃貸物件を借りる際にネット検索でよくお世話になっているもので

● SUUMO（https://suumo.jp/）
● HOME'S（ホームズ）（https://www.homes.co.jp/）
● at home（アットホーム）（https://www.athome.co.jp/）

などが代表的な例です。

こうしたサイトは一部で転貸可能な物件を紹介していることもありますが、一般向けの賃貸住宅プラットフォームに紹介されている物件は、そもそも民泊を認めていないケースがほとんどです。

とはいえ、そこであきらめていては、いい物件にはめぐり合えません。

たとえば、物件情報に次のような表記がされているものは、他の物件より民泊ＯＫになる確率が高いと思います。

- 外国人可
- 店舗・事務所ＯＫ
- フリーレント（一定期間、家賃が無料）付きまた、**情報が出てから数カ月経っているのに借り手がつかず、苦労していそうな物件に狙いを定めて問い合わせしていくのもいい**でしょう。

0章で紹介した、私の民泊1軒目の例のように、何カ月も空き部屋を放置しておくぐらいなら、転貸許可を出して民泊OKにしたほうがいい、と考える大家さんも徐々に多くなっているので、一般向けの物件検索サイトからでも掘り出しものの民泊物件を借りられるケースは増えてきています。

ぜひ頑張って探してみてください！

自治体の「住宅宿泊事業　届出住宅一覧」

3つ目の探し方は、各自治体がインターネットなどで公開している「住宅宿泊事業　届出住宅一覧」から探す方法です。

この資料がどういったものなのか気になる方は、まず、一例として、**新宿区のホームページに掲載されている「住宅宿泊事業　届出住宅一覧」を検索**してみてください。

この一覧を見ると、現在その自治体（この場合は新宿区）で営業している民泊の全貌がわかります。そしてよく見ていくと、同じ建物の中に複数の民泊施設が登録されていることにも気がつくでしょう。

これが、0章で登場した、私が同じマンション内で物件を増やしていった方法でもある、いわゆる「民泊マンション」と呼ばれるものです。

こうした物件を見つけることのメリットは、すでに大家さんが民泊を認めているとわかることです。現在そのマンションに空き部屋があれば、すぐに転貸許可を出してもらえるような条件の物件がほとんどでしょう。

また、そのマンションの住人さんたちも、民泊ゲストがくることには慣れているので、近隣からのクレームが入るケースも少なく、トラブルになることもあまりありません。

さらには、必要な消防設備もすでに設置されていたりする場合が多いので、消防署のチェックや保健所の手続きもラクになるなど、比較的簡単に参入できるケースもあります。

こういった意味で、**はじめての民泊運営には扱いやすい物件だといえる**でしょう。

実際にこのリストを見て「民泊マンション」に目星をつけ、自分で交渉するという人も少なくありません。

不動産屋さんに知り合いがいるようであれば、「このマンションに空きがないか」と直接問い合わせてみるのもいい方法でしょう。


以上、民泊物件の探し方を紹介してきましたが、どの方法にも一長一短があり、どれがベストとは言えません。たとえば、民泊物件用のサイトを利用する際、素人感覚で内見に行くと、営業の人の言いなりになって焦って物件を決めてしまい、あとから「こんなはずじゃなかった」と思うことも。また、はじめてで不安な中、営業の人が内見に同行してくれないケースも現実にあります。ただ、自分で民泊物件を探す手間がかなり省けるのも事実。

要は使い方次第なんです。だから、民泊＝ビジネス、戦いなんだという側面も理解して、どの探し方をする場合も気を抜かず、内見時のチェック（104ページ参照）や契約前の保健所・消防署への相談等、自分で確認をし、物件を見る目も養っていくことが大切です。

物件エリアを考える際の前提条件

物件を探す手段がわかったところで、「そもそも、どこのエリアで探せばいいの？」と疑問に思った人もいるでしょう。

そこで、物件探しの際に重要な視点をいくつかお伝えしていきましょう。

まずは生活圏内で探してみよう！

私がまずオススメしているのは、**自分の生活圏内で探してみる**ことです。

軌道に乗るまでなるべく支出を抑えようと思うと、1軒目はゲストのチェックアウト後の掃除であったり、鍵が開かない・お湯が出ないといったトラブル対応で現地に赴いたり、といったことを自分でする必要も出てきます。

その際、自分の生活圏から離れた場所に物件があると、私のように会社勤めで副業として民泊をはじめたい人には、かなり負担が大きいのです。

だから、**背伸びをせず、自分ができる範囲内、予算の範囲内で探す**こと。

具体的には、**①自宅の近く、②会社の近く、③通勤ルート上や生活圏の動線上**で考えてみてください。私は、**自宅から電車などを使って30分程度で行ける範囲**を目安に考えています。

とはいえ、「ここの区だけ！」と絞りすぎてしまうと、なかなかいい物件が出てこない場合もあります。

ですから、たとえば都内なら狙う場所の近隣3区程度までは候補に入れたり、通勤ルート上だけでなくその周辺エリアも探してみたり、というのがいいと思います。

ちなみに、住まいは東京なのに、唐突に「沖縄でやったら稼げそう！」と、自分の住まいから遠い場所にある人気観光地で民泊を立ち上げようとされる方がたまにいるのですが、これは作戦としてうまくありません。

というのも、**遠隔地でやると、すべての管理業務において、代行業者さんを使うことになる**から。これでは、月々の経費がかかりすぎて、ペイするのが難しくなるのです。

大きく稼ぎたい気持ちはもちろんわかりますが、民泊で失敗する人の多くは、お金に目がくらみすぎて、ハイリスクな勝負を1軒目からしてしまっています。

まずは自宅から近くて土地勘のある、自分にゆかりのある場所ではじめましょう。

副業民泊は、とにかく1軒目で失敗しないことが最大級に重要です！

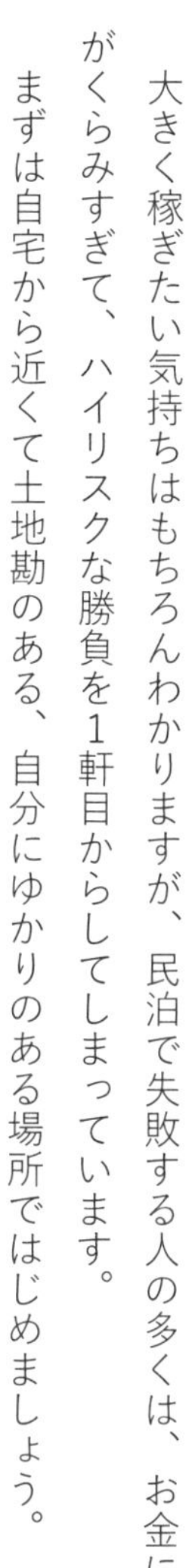

観光スポットや地域のターミナル駅を起点に考える

自宅近くや生活動線の中で物件を探すうえで、次に重要なことは何でしょうか？

それは、**「最寄り駅から乗り物を使ってどこに出られるか」という交通の便**です。

もちろん、一番理想的なのは、自分の地域にある**人気の観光スポットからそれほど遠くないところ。**

できれば**少ない電車の乗り換えでそうした場所に行ける駅**だと、うれしいところです。

あるいは、**いくつも鉄道路線があり、乗り換えがしやすいターミナル駅**などもＯＫ。

成田エクスプレスや京成スカイライナーなどが停車する駅やその周辺、首都圏以外でも空港へのアクセスがしやすい場所は可能性があります。

首都圏の話になってしまいますが、少し具体例を出してみましょう。

たとえば、今みなさんが住んでいるのが、埼玉県さいたま市の住宅地や、東京都・神奈川県の多摩地域のベッドタウンだとしたら、どのあたりの物件を探すでしょうか？

あくまで私ならですが、池袋や新宿など**通勤ルート上の中間点にあるさターミナル駅周辺**を探してみようかなと考えると思います。

また、千葉県住まいなら、都内に出るにも空港に出るにも便のいい船橋市や、川を越えて東京側の江戸川区・葛飾区の物件を探してみるのもいいと思います。

神奈川県住まいなら、便利な横浜市や特区民泊の大田区もいいですが、海もあって訪日観光客でも盛り上がる江ノ島・鎌倉エリアも、民泊の予約が入りやすい立地だといえるでしょう。

首都圏以外の方であっても、自分の住む地方・周辺エリアの中で、人気スポット・ターミナル駅・空港等へのアクセスを意識して、物件を探してみてください。

ちなみに、地方にお住まいの方から「東京や大阪に物件を借りないといけないでしょうか？」と質問を受けることもありますが、やはりそれについての私の答えも、「まずは自分の慣れた土地でやることから」です。

のちほど5章でお話ししますが、地方であっても民泊には勝ち筋があります。

繰り返しますが、**なじみもなく、自宅や職場からもかなり遠い別の地方で民泊を運営するのは、1軒目では避けたほうがいい**と思います。

駅近であること以上に大切なこと

そして、意外と見落としがちなのが**最寄り駅から民泊までのアクセス**についてです。

一般的な物件では、駅からできるだけ近いことを優先しがちですが、民泊物件に求められる条件はそれだけではありません。

もちろん、駅から近いに越したことはありませんが、**たとえ駅から近くても、細い道を何度も曲がるような、入り組んだ場所にある物件は、なるべく避けたほうがいい。**

多くのゲストは、海外から土地勘のない日本にきて、スーツケースを引きながら、もう片方の手でスマホの地図を見て民泊に向かってきます。そんなとき、道が複雑であっちこっち探さなければたどり着けないような場所に物件があったら、どうでしょうか？

ゲストは不慣れな場所で、不安やイライラを抱えることになります。「場所がわからない」と問い合わせがたくさんくることにもなるでしょう。

そんな立地の物件だと、毎回新しいゲストがくるたびに、そうした問い合わせが寄せられ、みなさんの作業量が増えてしまうことにもなります。

ゲストからみなさんの民泊へのレビューも悪くなってしまうでしょう。

ですから、**なるべくゲストのストレスを増やさず、イレギュラー対応も増えないようにするには、どうしたらいいかを念頭に入れて考える。**

私が最初に運営した物件でいうと、冒頭でもお話ししたとおり、都内の主要駅から徒歩15分ほどのところにありました。普通に考えるとちょっと遠く感じますよね。

でも、その代わり、駅からは幹線道路をほぼ一直線に行けばいい、わかりやすい場所だったので、チェックインの際に道に迷ったゲストは0人。

旅先だと15分ぐらいは気にならずに歩いてもらえるものなので、駅のわかりにくいB5出口を出てグネグネと坂道を上って徒歩5分……みたいな物件と比べて、外国人ゲストからしてもストレスが少なかったようです。

物件のある自治体の方針をチェックする

自分の生活圏に近いエリア、交通の便がよく最寄り駅から民泊までの道順がシンプルな場所――こういった条件で探すのがいいとはいえ、例外もあります。

それが、**自治体によって異なる民泊への対応の問題**です。

たとえば、東京都内であれば、特区民泊を導入している大田区や、「住宅宿泊事業 届出住宅一覧」を見ると１４００軒以上の届出数がある新宿区などは、民泊の新設に前向きな自治体といっていいでしょう。

一方、かつて闇民泊が本当に多かったといわれる中央区の「住宅宿泊事業 届出住宅一覧」の数は、２０２３年４月13日時点の公表資料で78軒。

民泊新法の制定後、中央区では区内全域で土日のみに民泊営業が限定されています。

加えて、浅草や上野などの観光エリアを持つ台東区も、管理者が常駐しない届出住宅

（＝家主不在型）については、平日は民泊の実施を制限する、としています。

なお、京都市も、都市計画法の中の「住居専用地域」と呼ばれるエリアでは、1月15日～3月16日しか民泊営業を認めない等の独自規定があります。

京都市は、申請の際も、届出書の預かりに2カ月程度、届出が受理されると交付される標識の発行までに1カ月半程度は最低でもかかるとされていて、なかには半年かかったという声を聞いたこともあります。

台東区や京都市などは、すでに旅館やホテルが多くあり、そうした既存の宿を守りたいことも、民泊の新設にあまりウェルカムではない方針につながっているのでしょう。

このように、**自治体独自に定めているルールは「上乗せ条例」**と呼ばれます。

民泊に後ろ向きな自治体だけでなく、前向きな姿勢であっても、上乗せ条例を定めている自治体は多くありますから、民泊新法の内容だけでなく、自分が民泊をはじめたいと思うエリアの自治体はどんな条例を取り決めているのか、調べることは欠かせません。

また、自治体ごとの上乗せ条例を確認してみて、**あきらかに自分が狙う物件の自治体が民泊に後ろ向きだと感じたら、別の近隣自治体にエリアを変えるのもアリ**です。

国内の各自治体が定める民泊条例の現況は、「各自治体の窓口案内（**条例等の状況等**）**」とネット検索するとヒットする民泊制度ポータルサイトのページに、「自治体の条例制定状況」のリンクが貼られている**ので、そこから確認してみてください。

用途地域を確認しておく

物件を探すうえで、エリアの面からもう1つ気をつけるべきことがあります。

それが**「用途地域」の問題**です。

この用途地域とは、都市計画法という法律に基づいて、計画的な街づくりのために、用途に応じてエリアを区分したものです。

大きく分類すると、「住居系」「商業系」「工業系」の3つに分類され、さらに「住居系」には8つ、「商業系」には2つ、「工業系」は3つの分類が存在していて、85ページの表のとおり、全部で13区分となっています。

旅館業法の場合、住居専用地域と名のつく4つと、工業地域・工業専用地域の2つに該当するエリアでは、ホテル建設も旅館営業もできません。

民泊新法の場合は、そもそも住宅が建てられない工業専用地域での営業は不可ですが、**住居専用地域を含む他のエリアでの営業は、原則禁止はされていません。**

ただし、ここでも**各自治体が上乗せ条例を作っているケースは多くあります。**

たとえば、民泊に比較的前向きとみられる新宿区であっても、住居専用地域の場合は、平日は営業不可、という具合です。

住居専用地域は、閑静（かんせい）な住宅街であることが多いので、本来民泊向きではないからです。

私としても**民泊をするなら、なるべく準工業地域・商業地域・近隣商業地域・準住居地域・第二種住居地域・第一種住居地域**がいいと思います。賑（にぎ）やかめの地域で、民泊をしても苦情になりにくいのです。

なお、用途地域以外にも、学校が林立（りんりつ）する「文教地区」や保育施設の周囲100m以内の区域などでは、民泊営業を認めていない自治体も少なくありません。

ですから、やはり**自治体ごとのルールを調べたうえで、確認することが重要**です。

こうした用途地域は、「千代田区　用途地域」といったような形で、**自治体名＋用途地域でネット検索**をかければ、だいたいの場合、都市計画情報が調べられるサイトや都市計画図がアップされた自治体のホームページがヒットします。

また、**民泊に慣れた不動産仲介業者さんや、民泊の申請を管轄（かんかつ）する自治体の保健所に質問すれば、その物件のある場所が民泊ＯＫな用途地域かどうか、上乗せ条例も加味して教えてもらえる**はずです。

なので、用途地域を調べること自体には、そこまで神経質にならなくても大丈夫でしょう。

とはいえ、先程もお伝えのとおり、特に住居専用地域の場合は民泊の営業可能日数が各段に減ることも少なくないので、「上乗せ条例をしっかりと把握」の意識はマストです。

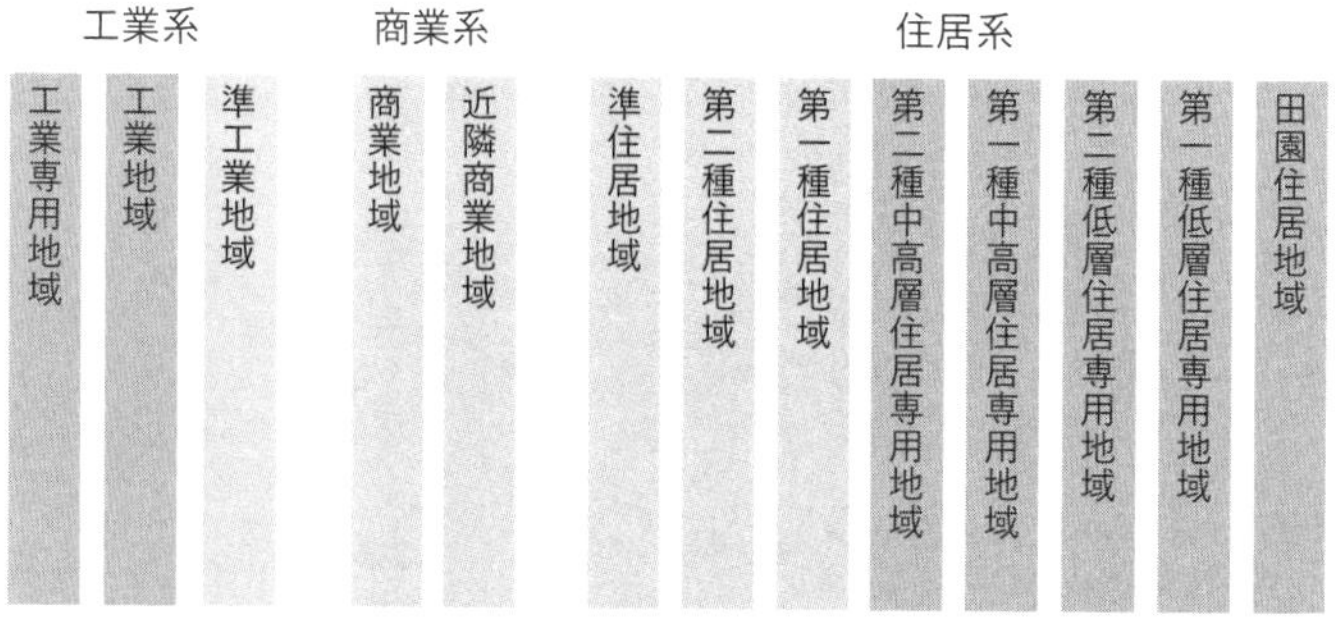

住居系
- 田園住居地域
- 第一種低層住居専用地域
- 第二種低層住居専用地域
- 第一種中高層住居専用地域
- 第二種中高層住居専用地域
- 第一種住居地域
- 第二種住居地域
- 準住居地域

商業系
- 近隣商業地域
- 商業地域

工業系
- 準工業地域
- 工業地域
- 工業専用地域

用途地域の13区分。民泊新法は工業専用地域以外の12地域で原則営業可能ですが、住居専用地域では自治体の上乗せ条例によって営業制限が加わる可能性があるので、図の中でブルーの6エリアが民泊をやるにはオススメですちなみに、自治体ごとの主な上乗せ条例については、「民泊の実施制限に関する地方公共団体の条例のとりまとめについて」とネット検索すると、国土交通省が2021年4月1日時点でまとめた資料がヒットするので、参考にしてみてください。

条例は変更される可能性があるので、必ず保健所等への確認・最新版のチェックはお忘れなく！

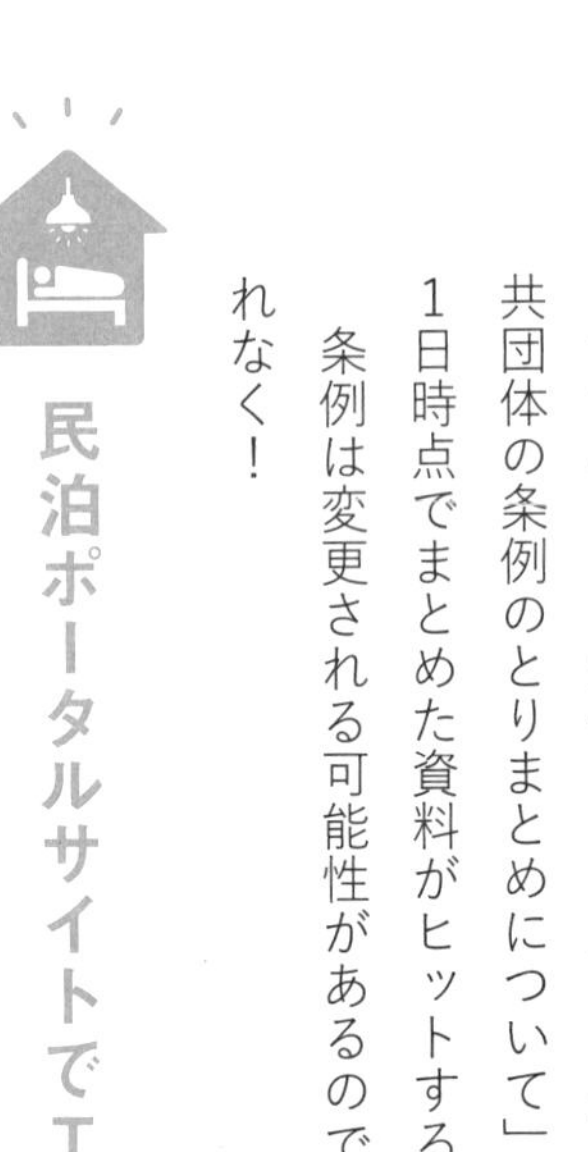

民泊ポータルサイトでエリアの動向を探る

こうしてある程度の範囲で希望するエリアが決まったら、ちょっとしたマーケティングリサーチをしてみましょう。

最近は、これから民泊をやってみようという方の相談を受けることも多くなりました。

そこでよく質問されるのが、**「自分が民泊をやってみようと思っているエリアに、どれくらい海外からのゲストが泊まりにきてくれるでしょうか？」**というものです。

インバウンドで賑わうエリアなら問題ありませんが、観光スポットの少ない地域やターミナル駅から離れた私鉄沿線などの場合、どれくらいゲストがくるのか心配ですよね？

実際に民泊をオープンしてから、集客があまり見込めないということに気がついても後の祭りです。そうならないためにも、**まずはAirbnbなどの民泊のプラットフォームを覗(のぞ)いて次のことをしてみる**のがいいでしょう。

▼希望エリアにすでにある物件数を調べる

サイトを開いて希望エリアを入力すると、地図上に宿泊可能な民泊が表示されます。

明確な日程を入れてしまうと、予約が埋まった物件や、まだ予約受付を開放していない物件がヒットしないので、日程や宿泊人数は入力しないで大丈夫です。

同一エリアで4～5軒以上の民泊が表示されるようなら、そこは集客しやすい場所だと考えて大丈夫です。

逆に、**民泊の数が少ない、もしくはほとんど表示されないような場合、そこのエリアには需要がないか、あるいは区の上乗せ条例などで営業が難しい可能性**があります。

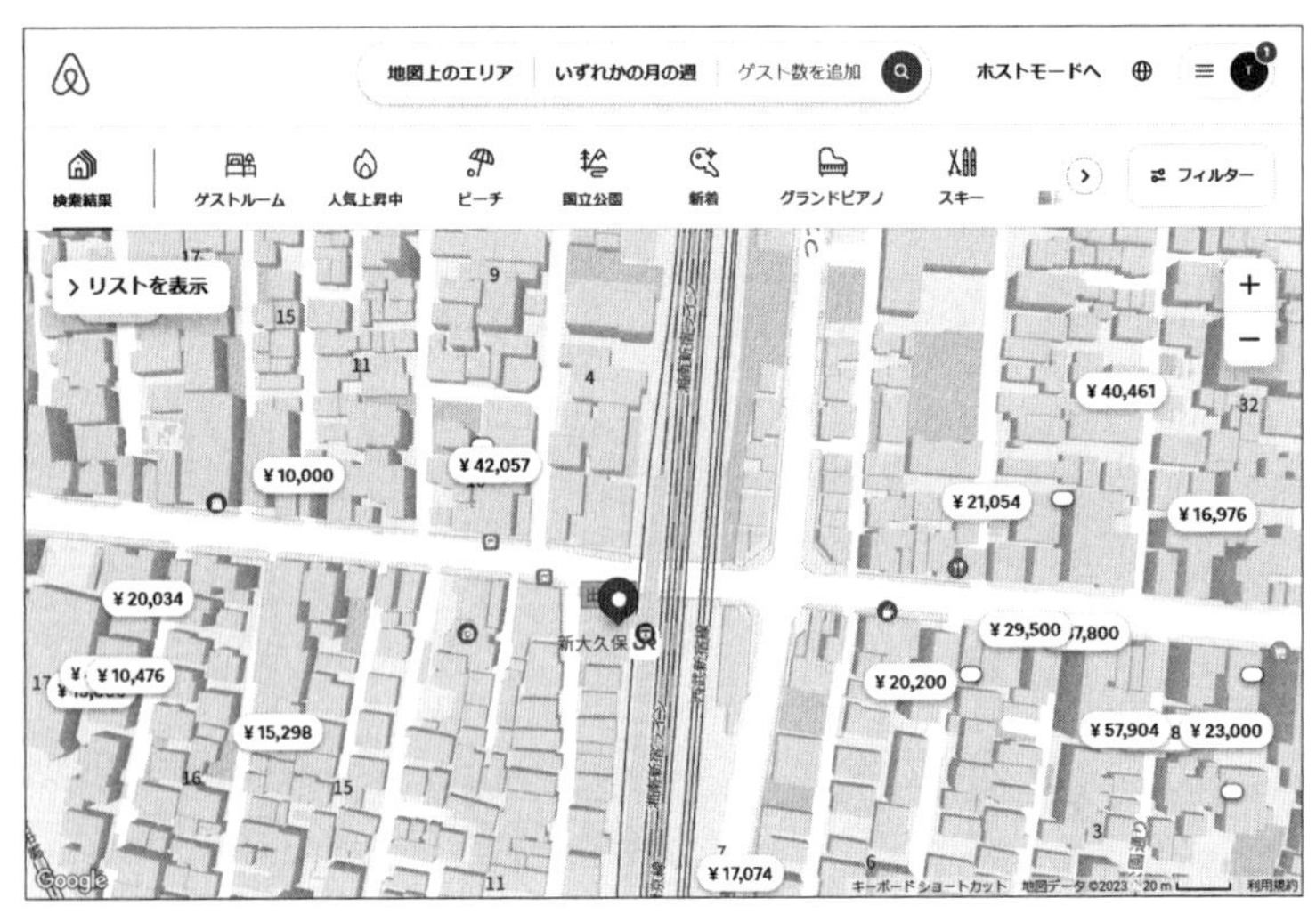

Airbnb で新宿区の新大久保駅周辺を検索した結果。金額表示はその場所に民泊があることを示しています。インバウンドに沸くこの一帯は、民泊の数も多いことが見てとれます

▼希望エリアの民泊の予約状況・単価・宿泊可能人数を調べる

エリアと希望する物件のおおよその目安がついたら、**周辺物件の予約状況、宿泊料金の単価、何人まで泊めているのか**、という点をチェックしておきます。

特に**「単価×人数」は重要**です。

Airbnb の予約ページを開くと、宿泊料金単価が表示され、ゲストの人数を変更することができます。

この段階で、どれくらいの価格設定で何人までの宿泊を想定しているのかをチェックして、おおよその相場を調べ、1カ月のうちに空きがどれくらいあるのか、年間を通しての予約状況を調査しておきます。

たとえば、私が運営する、最大収容人数6名のとある物件を例に出すと……

ゲスト1～2名の宿泊の場合は1泊2万1571円。

ゲスト3名の場合は1泊2万4571円。

4名の場合は1泊2万7571円。

5名の場合は1泊3万5571円。

6名の場合は1泊3万3571円。

こんなふうに、人数によって傾斜をつけています。

その中で、次のページのスクショを撮った時点で、2023年5月は25日分が埋まっていました。

つまり、仮にすべてのゲストが2名以下だったとしても、2万1571円×25日分＝53万9275円の売上が1カ月であるとわかります。

これを同じエリアにある「スーパーホスト」とマークの付いた複数の物件で確認しておけば、**狙うエリアで1カ月どれくらいの収入が上がるか、だいたいの予想がつく**ようになります。

そこから**物件を借りる際の家賃の目安もわかってくる**でしょう。

また、他のエリアと比べて、平均して宿泊料金が高いようであれば、そこは民泊をやるのに向いているということ。

複数の民泊があったとしても、すべて格安の料金設定がされているようであれば、それは値段を下げないとゲストがあまりきてくれないエリアということになります。

もちろん、宿泊料金が安いエリアでも、家賃も安いならば、収支の面では成り立つでしょう。

でも、比較的高めの宿泊料金を設定できるエリアでやっても、安いエリアでやっても、運営の手間はそれほど変わりません。

逆に格安エリアのほうが素行のよくないゲストからの予約が増えて、かえって面倒なことが多くなったりもします。

それを考えると、**エリアとして極端に安いところは、あまりオススメではない**かなと思います。

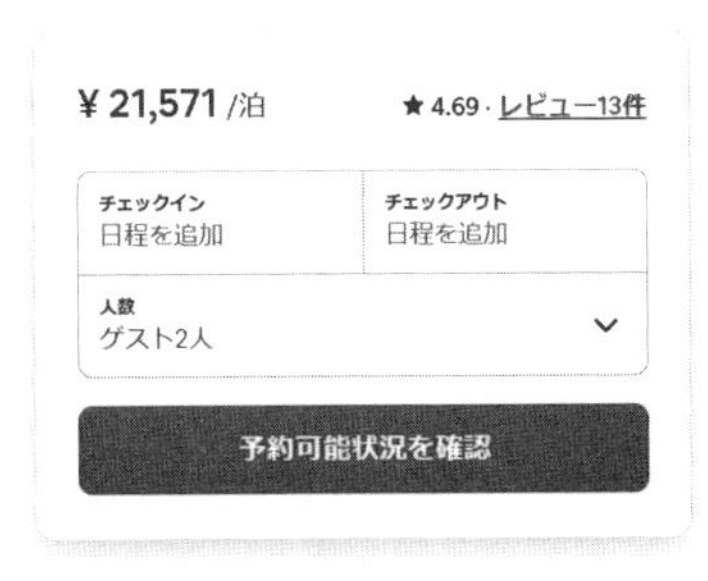

私が運営する、とある物件の2023年5月の予約状況。Airbnb の予約ページで単価と予約状況を確認すると、その民泊の売上がつかめます。同エリアの複数物件で同様に調べれば、そのエリアのポテンシャルがわかります

部屋を選ぶときに大事なこと

物件を探すサイトや場所の当たりのつけ方、注意点などがわかったところで、次に物件を見つける際の鳩子流の目のつけどころをお伝えしましょう。

自分が住む部屋探しとは違う

まず、**大事なことは、自分の住む物件を探すときの感覚と、民泊物件を探すときの感覚は違う、ということを理解しておくこと**です。

みなさん、自分が住む物件を探す場合は、なるべく築浅で駅近、風呂とトイレは別で、閑静な場所……といった条件になることが多いと思います。

ですが、住む家として人気が高い物件は、民泊には回ってきません。
なので、たとえば狙いどころとしては、次のような物件がアリでしょう。

- 築古（ちくふる）で5階建てなのにエレベーターがない
- トイレが和式
- 風呂・トイレ・洗面所が一緒になっている3点ユニット
- バスタブがない
- 最寄り駅から徒歩15分程度はかかる（ただし、道順はシンプル）
- 繁華街に近く騒音が気になる
- 日当たりがよくない

「暮らすように泊まれる」と人気の民泊ですが、何年もそこに住むわけではありません。

内装がこぎれいで清潔感があることは予約増につながるのでとても大事ですが、外装が古めかしいかどうかは、海外からの観光客はほとんど気にしていないのが実情です。

エレベーターがない、最寄り駅から徒歩15分ほどかかる、繁華街が近い、といった条件も、そこに定住するわけではないのでさほど問題にはなりませんし、日当たりがよくないことも、ゲストは昼間は外で観光をしているので、マイナスにはなりません。

3点ユニットやバスタブなし物件についても、海外の人は湯船に入らずシャワーだけが基本なので、ここでゲストにソッポを向かれることもほぼありません。

また、トイレが和式であっても、上から簡易的な洋式便座をかぶせてセットできるような商品もあるので、リカバリーすることは可能です。

ですから、自分の住まい探しなら難色を示したくなるような条件も、民泊ではネガティブに考えなくていいのです。

むしろ、**一番ハードルが高いのは「集客が見込めるエリアで、自分の手が届く範囲の家賃の物件を見つけること」ですから、それ以外は折り合いをつけることも大切**です。

民泊の初期費用として、家賃が占める割合はかなり高いものがあります。

家賃をもとにして敷金・礼金・管理費なども加算されますから、ここをなるべく抑えられる物件を見つけることができれば、初期費用をぐーんと下げられます。

そういった意味からも、民泊ならではのワケあり物件を狙うのがオススメなのです。

どれぐらいの広さがいい？

「どれぐらいの広さの部屋を借りればいいですか？」

こう聞かれたとき、私は25㎡以上、**できれば30㎡超の部屋をオススメ**しています。

稼げる部屋は、ずばりベッドの数、つまり収容可能人数で決まります。

MAX2〜3人の部屋より、4〜5人泊まれる部屋のほうが当然稼げるわけです。

ただし、部屋を広くすればするほど立ち上げるまでの初期費用はかかりますし、当然賃料も上がります。そのあたりのバランスは本当に難しいところです。

私は現在、35㎡以下の物件は新たにやらないと決めています。小さくても35㎡以上で4〜5人は泊まれるような部屋を作ります。

実は、コロナ禍前には20㎡以下の小さな物件をやっていたこともありました。そこを決めた理由は、都内で駅近、観光スポットも目の前で、とにかく立地がよかったからです。ですが、ダブルベッドを1台置いたら部屋がいっぱいになってしまい、予約が入ったのはおひとり様のビジネスマンと、ときどきカップル。

結局、月に数万円しか利益が出ませんでした。

この物件を続けていても爆発的に稼げるイメージが湧かず、結局3カ月でたたんでしまったのです。初期費用も回収できず、トータルでマイナス50万円ぐらいになってしまったと思います。

小さい部屋の弱点は、ビジネスホテルとの差別化があまりできないことです。

泊まるだけならビジネスホテルのほうがきれいだし、使い勝手もいいのです。

だから、ビジネスホテルと競合してしまうと、民泊は負けてしまいます。

また、**支出を引いて、通常の月は10万円、繁忙期は30万円ほど稼ぎたいところ**です。

そうなると、冒頭で言ったように30㎡以上はあったほうが、部屋のアレンジもきくし、収益も出しやすいでしょう。

でも、これも絶対の正解ではありません。

1軒目なら身の丈に合った金額ではじめるのがいいと思いますし、20㎡ぐらいの部屋で、ビジネスホテルにはない凝ったインテリアにして予約率を上げている方もいます。

要は、**小さい部屋なら、ビジネスホテルと競合しない工夫をすればいい**のです。

参考までに、私の大小2つの物件の収支表を大公開します！

これも、月によって差はありますが、収益のイメージがつくのではないでしょうか？

副業民泊の利点は**小さめのワンルームでも、1軒で年間100万～150万円程度稼げる**ところです。1軒やってコツがつかめれば3～5軒ぐらいは1人で運営できますし、そこに少し大きめの部屋を加えれば、**副業収入で1000万円超えも夢ではありません。**

みなさんも、まずはおおよその収支表を作ってみるといいかもしれません。

マンションタイプ１ＬＤＫ（家主不在型）・30㎡
想定宿泊者数３～５名の物件・山手線の駅から徒歩６分

売上表	１予約あたりの入金額	１予約でゲストが泊まった泊数
予約１	￥121,231	6泊
予約２	￥60,140	3泊
予約３	￥72,750	3泊
予約４	￥80,820	4泊
合計	￥334,941	16泊

支出表	1カ月あたりの経費額	備考
家賃	￥150,000	
管理業者の委託料	￥20,000	
光熱費	￥30,000	
Wi-Fi	￥6,000	
清掃費	￥24,000	￥6,000×4回分
雑費	￥10,000	
合計	￥240,000	

差益	￥94,941	

2023年4月の収支表。この1軒だけで生活費を賄うのは難しいのが正直なところ。ちなみに、今は掃除は外注しているので、その費用もかかっています

マンションタイプ７ＤＫ（家主不在型）・80㎡
想定宿泊者数６～８名・東京メトロの駅から徒歩８分

売上表	１予約あたりの入金額	１予約でゲストが泊まった泊数
予約１	￥107,670	3泊
予約２	￥150,350	3泊
予約３	￥438,246	7泊
予約４	￥146,470	4泊
予約５	￥190,896	4泊
合計	￥1,033,632	21泊

支出表	1カ月あたりの経費額	備考
家賃	￥330,000	
管理業者の委託料	￥20,000	
光熱費	￥70,000	
Wi-Fi	￥0	家賃に込み
清掃費	￥75,000	￥15,000×5回分
雑費	￥30,000	
合計	￥525,000	

差益	￥508,632	

こちらも2023年4月の収支表。1軒目からやるにはハードルの高いかなり大きめの物件ですが、何軒か運営して資金に余裕ができてきたら、このサイズに挑戦もアリです！

物件探しは総力戦を覚悟しつつ、3〜5軒の内見を!

民泊をやってみたいという人とお話しするとき、私はいつも必ずこう言っています。

「物件探しは総力戦です」と。

新型コロナウイルスの流行が落ち着きを見せはじめた頃から、民泊向きの物件は需要が供給を上回り、今では市場に出るとすぐに借り手がつくことも増えました。

だから、思い立ったら即行動。

1日5分でもいいので、毎日コツコツと、ポータルサイトなどを使って、物件を探していきましょう。

SNSをやっている方なら、「このエリアで、空き家になってしまった物件を持て余している方はいませんか?」と呼びかけてもいいかもしれません。

なんでも思いつく限りのことをやってみましょう。

また、**民泊についての制度をよく知っている人ほど、いい物件に出合える**ということもあります。

ある20代のデザイナーの女性は、上乗せ条例で基準の厳しい台東区で民泊をはじめました。浅草などのメジャーな観光地を避け、台東区のはずれで一軒家を借りて、自分の使う部屋以外をゲストに貸し出す「家主居住型」で運営をスタートしたのです。

というのも、実は台東区の条例は、「家主不在型」の場合、平日は民泊の実施を制限する、としていますが、ゲストと同居する「家主居住型」の場合には、そのルールは適用されないから。

これによって平日も民泊営業が可能になるので、旅館やホテルが密集する過当競争のエリアを避けながら、今では自分の本業の収入ぐらいの利益をコンスタントに民泊から稼ぎ出すことができているそうです。

こうして、**自分の希望に近い物件が見つかったら、すぐに見に行きましょう。**

ただ、実際に内見して自分ではすごく気に入ったとしても、１軒目ですぐに契約する勇気は出ないはずです。

なので、**はじめての民泊物件選びには、まず3～5軒ぐらいは内見をして、目を慣らしておくことが大事**だと思います。

それくらいの軒数を見てくると、自分の中にある種の物差しができてきます。

ここだったら決めてもいいかなというようなイメージが、だんだんとできあがってくるようになるのです。

正直、**民泊が成功するかどうかは、物件で8割がた決まる**、と私は感じています。

ですが、民泊の事業者には、不動産投資家などこのジャンルに詳しい百戦錬磨の方々もいます。

そんな人たちを相手に、川下にいる素人の私たちが、いきなり１００点満点の物件を見つけるなんてほぼあり得ません。

それに、「この物件は70点ぐらいかな～」と思っても、３章でお話しする部屋作りのコツや、４章の予約サイトの作り込み次第で、80点にも、85点にも化けたりするのが、民泊の面白いところだったりします。

ですから、完璧を求めすぎず、ある程度納得できる物件に出合えたら、早めに決断をして飛び込んでみることも大事です。

ちなみに、**物件を借りる際、契約する前に、大家さんから転貸承諾書を必ずもらう**ようにしてください。

マンションの場合、管理規約で民泊が禁止されていれば、そもそも営業することができません。

そして、次の章で紹介するように、保健所と消防署に事前相談をしておくことも、とても大事です。

民泊新法で必須とされている「キッチン、浴室（シャワーのみ可）、トイレ、洗面設備」が部屋にない場合も民泊ができませんから、こういったことも物件契約前に念のためチェックしておきましょう。

民泊用物件の内見で確認しておくべきポイントは、次のページの表のとおりです。

民泊物件を内見する際の簡単チェックリスト

チェック項目	✓
自治体の上乗せ条例がないか	
用途地域が住居専用地域以外か	
のべ床面積が200㎡以下か	
トイレがある	
キッチンがある	
洗面所がある	
シャワーがある	
管理規約で民泊が禁止されていない（マンションの場合）	

キッチン等の設備の他に、物件のある自治体に上乗せ条例はないか、消防設備に大きな費用がかかるのべ床面積200㎡超ではないか、禁止ではなくとも制限の加わりやすい「住居専用地域」ではないか、といった点を確認しておくと安心です

まずは「ちいさくはじめる」が正解！

これまでもお話ししましたが、私が思う民泊のいいところは、分譲物件などを購入して貸し出す不動産投資等と比べて、初期費用が少なく済むところです。

そして、初期費用を安くできるほど、早く投資分をペイできて、純利益を出すことができ、勝てるラインに乗っていけます。

ですから、**物件を探す際（今後のお部屋作りなどもそうですが）には、なるべく「ちいさくはじめる」ことです。**

Airbnbで民泊の先輩たちの物件を調査していると、なにやら豪華そうに見えたり、とても家賃の高そうな部屋に見えたりすると思います。

内見の際に、民泊に慣れた不動産屋さんから「いい部屋を借りないと！」「最近は部屋を作り込まないとね」と言われて、不安になることもあるでしょう。

実際、すでに民泊がうまくいっているプロの方々は、資金投下もしているでしょう。

でも、桁違いのお金をかけなくても、築古の少々ボロな賃料の安い物件で、室内を清潔感がある見た目にしながら、サイト上でもゲストのニーズをつかんだ情報提示をしていけば、予約は入ります。

実際、私自身がそうなのです。

だから、高い物件、高価な家具・家電、こだわりのしつらえなどに、最初から背伸びする必要はありません。

もし、そういった物件をやりたければ、民泊運営を何軒か軌道に乗せて、資金的なゆとりを生み出してから、グレードアップを図ればいいと思います。

そして何度も言いますが、お金に目をくらませすぎずに、地に足をつけて近所ではじめること。

予算内で、なるべく初期費用をかけず、自分への負担を増やしすぎないことこそが、副業民泊で最初の成功をつかむための近道なのです。

「個人」「法人」どっちではじめるのがいい？

この章の最後に、この話題に触れておきましょう。

それは、「民泊は個人名義と法人名義、どちらではじめるのがいいのか」という点です。


私自身は、最初、個人名義で民泊をはじめました。

会社の設立のための手続きなどはなかったので、立ち上げはラクだったと思います。

ただ、個人名義で続けていると、収入がすべて所得になるので、売上が大きくなると、所得税の割合が増えていくというデメリットがあります。

その点、**法人名義の場合、役員報酬を設定できるので、売上全体ではなく役員報酬に対しての所得税・住民税という形にでき、個人の場合と比べて節税が可能**です。

また、経費にできる幅が増えたり、社会的信用が増して融資を受けやすくなったりする面もあります。

つまり、ちゃんと事業をやりたい人には、法人という選択は大いにアリなのです。

結局、私は途中で会社を作り、個人から法人に名義を切り替えました。

でも、その際に個人契約だった既存の物件について法人名義の契約書に作り直す必要があったり、新しい賃貸契約とみなされてもう一度同じ物件に対して敷金・礼金がかかったりと、手間・費用ともにかなりかかりました。

そういう意味では、今思うと法人化してしまってから1軒目を借りればよかったなというのが、私の個人的な感想です。

ただし、法人を立ち上げる際には、登記の費用や定款（ていかん）の認証料など、最低でも10万円以上はかかってきます。

手続きも複雑さを増し、会計処理の問題などもあるので、税理士さんなどに丸投げでお願いする形になり、その費用もかかってくるでしょう。

また、たとえ赤字だったとしても、法人税として最低7万円は払わなくてはいけない決まりもあります。

それだけ、法人化は本気の取り組みが求められることでもあるのです。

ですから、結論としては、自分自身はこれからどんなふうに民泊をやっていきたいのか、という方針次第になると思います。

あくまで副業として、1～3軒運営しながら、プラスの稼ぎを出せたらいいなという方は、個人名義でまったく問題ないと思います。

その一方で、ゆくゆくは会社員を卒業したい方は、いきなり仕事を辞めてしまうと本当にただの何もない人になってしまうので、**辞める3年前ぐらいから法人を立て、3期程度そこで黒字の決算を出すことを目指しましょう。**

そうすると、法人として物件を借りることができるようになり、銀行などの融資も受けられるようになるのです。

「もう会社を辞めたい！」と決心して計画している人であれば、最初から法人を立てるのもアリだと思います。

鳩子流 稼げる物件の探し方

重要ポイントの復習！

☑ 民泊の基本ルールを理解する！

民泊をやるためには、旅館業法・特区民泊・民泊新法という知っておくべき3種類のルールがあるので、まずはその特徴や違いを抑えましょう。なかでも民泊新法は他の2つに比べて条件が緩和されているので、民泊初心者にはオススメ。さらに、各自治体には独自の条例が制定されていることもあるので、これも忘れずチェックを！

☑ 物件は自分の生活圏内で見つけよう！

副業民泊の１軒目は、自分の生活圏内、もしくは通勤動線上の場所で見つけるのがオススメ。何かトラブルがあった際にも駆けつけやすく、自分で掃除をする場合でも通いやすいのがメリットです。たとえ築古でもインテリアでカバーすることはできるので、見た目にこだわりすぎないのがポイント。100点満点の物件はないと心得ましょう。

☑ 民泊ポータルサイトで市場調査を！

民泊をやりたい場所を見つけたら、その地域でどれぐらいの需要があるかの調査を。Airbnb上でほとんど物件が見当たらないようなら、そこは需要がないと考えて、他の場所を探したほうが◎。予約状況・単価・宿泊可能人数を複数物件で調べ、その場所で月にどれぐらいの売上が立ちそうか予測を立ててみましょう。

☑ 最初は「ちいさくはじめる」！

私自身は１軒目に分不相応な一軒家を借りてしまいましたが、このやり方はあまり万人向けではありません。最初はあまり高い物件に手を出さず、初期費用もできるだけ抑えて「ちいさくはじめる」ほうが失敗を回避できます。まずは自分の生活範囲内で、背伸びしすぎない物件を見つけ、早く民泊運営に慣れることが大事です！

第2章

民泊の届出あれこれ

役所

保健所への事前相談

民泊向けで、「これは！」という物件が見つかったら、次のステップへ進みましょう。

不動産業者さんの中には、「最近は民泊が盛り上がってるから、早く契約しないと他の人に取られてなくなっちゃうよ」と、契約を急がせる人もいるかもしれません。

たしかに、今は民泊向きの物件は取り合いで、すぐ借り手がつくのも事実です。

でも、焦りは禁物！

これまでお話ししてきたように、**慌てて契約して、いざ民泊の手続きを進めようとしたら、上乗せ規制のある自治体だったり、用途地域の問題で年間180日の営業が認められていないエリアだったり**……というケースもあります。

また、**必要な設備の設置費用が予想以上にかかってしまうケース**も考えられます。

特に規模の大きなマンションの1室で民泊をはじめようとする場合、**消防設備などの設置工事で100万円以上の費用**がかかってしまったという話も聞きます。

すでに複数の民泊が営業しているマンションであっても、民泊物件が全体のうちの一定割合を超えると、より高度な消防設備が必要となる可能性もあります。

そうなると、せっかく借りた物件も、十分な収益を上げることができなくなってしまうかもしれません。

最悪の場合、「ちいさくはじめる」つもりだったのに、予算不足であきらめざるを得なくなることだってあるでしょう。

そうならないためにも、**見込みのありそう物件が見つかった時点で、契約する前に保健所や消防署に事前相談の予約を入れ、その物件に必要な設備を素早く確認することが大切**です。

基本的に消防設備に関する確認事項は消防署、それ以外は概(おおむ)ね保健所の管轄になると考えておけばいいでしょう。

民泊は原則として、条件さえ整っていれば、保健所に届出をすることで、開業が可能になります。

必要な書類を提出して問題がなければ、**民泊の届出番号の通知と「住宅宿泊事業届出済」と書いてある標識のステッカーが交付される**、という流れです。

そして、これがそろうとはじめて、Airbnbなどの宿泊施設のポータルサイトに登録ができるようになります。

もちろん、この「条件」とそれに伴う手続きが、民泊初心者にはちょっとしたつまずきポイントになることもあります。

でも、ここさえクリアできれば、一番高いハードルは越えたようなものです！

保健所と消防署に確認して、民泊開業のための条件がクリアできそうであれば、物件の賃貸契約を進めていきましょう。

届出の流れ

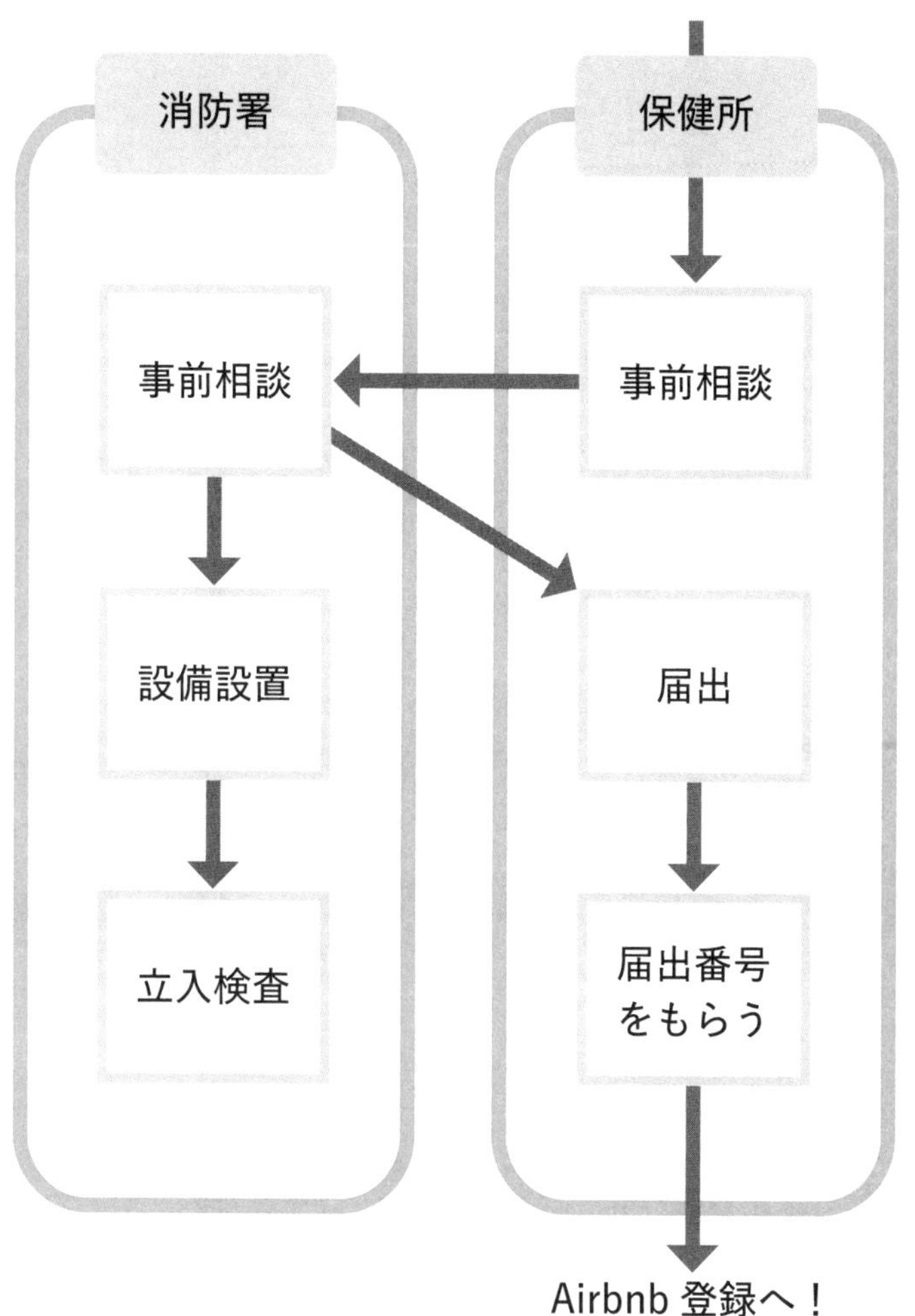

保健所に予約を入れる

私は、民泊向きの物件情報が入ったら、**早めに保健所と消防署に電話をして事前相談の予約を入れる**ようにしています。

一番望ましいのは、**あらかじめ必要な書類をそろえ、物件の内見をしたその日のうちに、不動産業者さんからもらった資料などを持って、保健所と消防署の両方を訪ねるというスケジュール**です。

この段階で必要な書類がそろっていて、内容をチェックしてもらえば、保健所の相談に出向くのも1回だけで済みます。

どちらも基本は平日しか空いていないので、会社勤めの方の場合は有給休暇を取る必要もあるでしょう。

だから、ここは一気にまとめて済ませてしまいたいところです。

また、自治体によっては、保健所以外の部署で事前相談をしているところもあるので、あらかじめ**民泊制度ポータルサイトの「各自治体の窓口案内」ページをネットで検索し、物件のある自治体の民泊担当部署を確認**しておくといいでしょう。

基本的に保健所も消防署も、「民泊の事前相談」といって申し込めば快く応じてくれます。この段階で、検討している物件の住所を伝えておけば、話は早いと思います。

保健所は自治体によっては予約不要のところもありますし、たいていはすぐにアポイントを入れることができます。

私が最初の民泊をはじめた2018年当時は、民泊新法が成立したばかりで、行政の担当者も法令の内容を把握しきれていないこともあり、お互いに手探りで手続きを進めていた感もありました。

でも、現在は行政の対応もスムーズになっています。

特に**東京23区の保健所であれば、民泊新法の担当者がいる**ので、話も早いです（地方の場合、まだまだ専任の担当者がおらず、旅館業との兼任といったケースもありますが……）。

事前相談の予約をして保健所の窓口を訪れれば、「事前相談票」や手続きの手引き類をひとまとめにして用意してくれる自治体も少なくありませんし、必要な手続きなどをひと通り教えてくれる自治体もあります。

「事前相談票」は自治体により書式は異なりますが、基本的に「相談者氏名」「物件所在地」「家主居住型か、不在型か」「大家さんからの転貸許可はあるか」「マンションの管理規約上、民泊OKか」などの質問項目があります。

物件契約前だとわからない項目もあるかもしれませんが、空欄のままでも構いません。自治体のホームページにも掲載されているので、事前にプリントアウトしておいて、必要事項を記入しておけば、当日の手間が省けます。

物件の図面・マイソクを持参

不動産業者さんからもらえる資料の中でもっとも重要なものが、住所や用途地域などをはじめ、**物件の概要や間取り図、契約情報などが1枚にまとめられた「マイソク」と呼ばれるチラシ**です。

事前相談には、これを持参しましょう。

もしくは、**SUUMO等の検索サイトの掲載図面**などを持参するのでも構いません。物件のある場所や設備によっては、民泊が認められないケースもあるので、建物の状況がわかるこういった資料はとても重要です。

たとえば、民泊に必要な設備として、民泊新法には「キッチン・浴室・トイレ・洗面所」がなくてはいけない、という条件が付いています。

バスタブがなくてもシャワーがあれば、浴室は大丈夫なのですが、ときどき問題になるのが洗面所です。

実はこの項目については、**自治体によって解釈が異なる場合がある**のです。

独立した洗面台を必要だと判断するところもあれば、キッチンの流しに鏡を設置するだけでOKと判断されるケースもあります。

つまり、自治体によってルールはケースバイケースのことが多いので、自己判断は禁物。**物件契約の前にマイソクや図面を持って、保健所に事前相談**をしてくださいね。

とはいえ、自治体によっては民泊にまだ不慣れで、手引きなどの資料を作成していない市町村もあります。

その場合には、なかなか頼れるものがないので、**一般的な例として、新宿区の「新宿区住宅宿泊事業ルールブック」をネット検索し、ヒットするPDFを参考に**してください。

民泊に前向きで軒数も多い新宿区が、わかりやすく説明してくれているので、オススメです！

ただし、このルールブックは、新宿区の上乗せ条例に応じた記載も含まれているので、詳細については各自治体の条例なども合わせて確認してください。

消防署への事前相談

保健所への事前相談が済んだら、次は消防署の事前相談です。

こちらも、**マイソクか物件図面を持参**するようにします。

事前予約をする際には、「物件の住所　消防署　管轄」等のワードでネット検索するなどして、**物件のある地域の管轄消防署を調べておきましょう。**

その消防署の代表電話に連絡を入れたら、先方の指示に従って窓口に行きます。

保健所と同様、事前予約をしておけば、必要な書類はリストなどにして、一式そろえておいてくれるケースもあります。

行政は民間のサービス業と違うとはいえ、事前に予約さえしておけば、きちんと準備をしておいてくれるところが多いもの。逆に、**いきなり突撃しても、すぐに対応してもらえ**

ないと思っておいたほうがいいでしょう。

ただし、自治体や担当者によっては、対応に温度差がないとも言い切れません。なかには、物件のある地域を担当するのが、本署か分署かで対応が異なる場合も。本署であれば民泊担当がいるケースがありますが、分署だと1人でさまざまな手続きを担当しているので、すぐに予約が取れなかったりするのです。

とはいえ、私の経験からいうと、電話をしてだいたい1週間後ぐらいまでのタイミングには、消防署の予約を取ることは可能だと思います。

消防署では、**「自分が民泊をしようとする物件では、どんな消防設備を設置する必要があるのか」の確認**をしていきます。

消防設備が少なくて済む物件とは

消防設備の観点から民泊を見ると、**家主が同居する「家主居住型」**と、**家主が住んでいない「家主不在型」**の2つに大きく分けられます。

消防設備のハードルの高さ

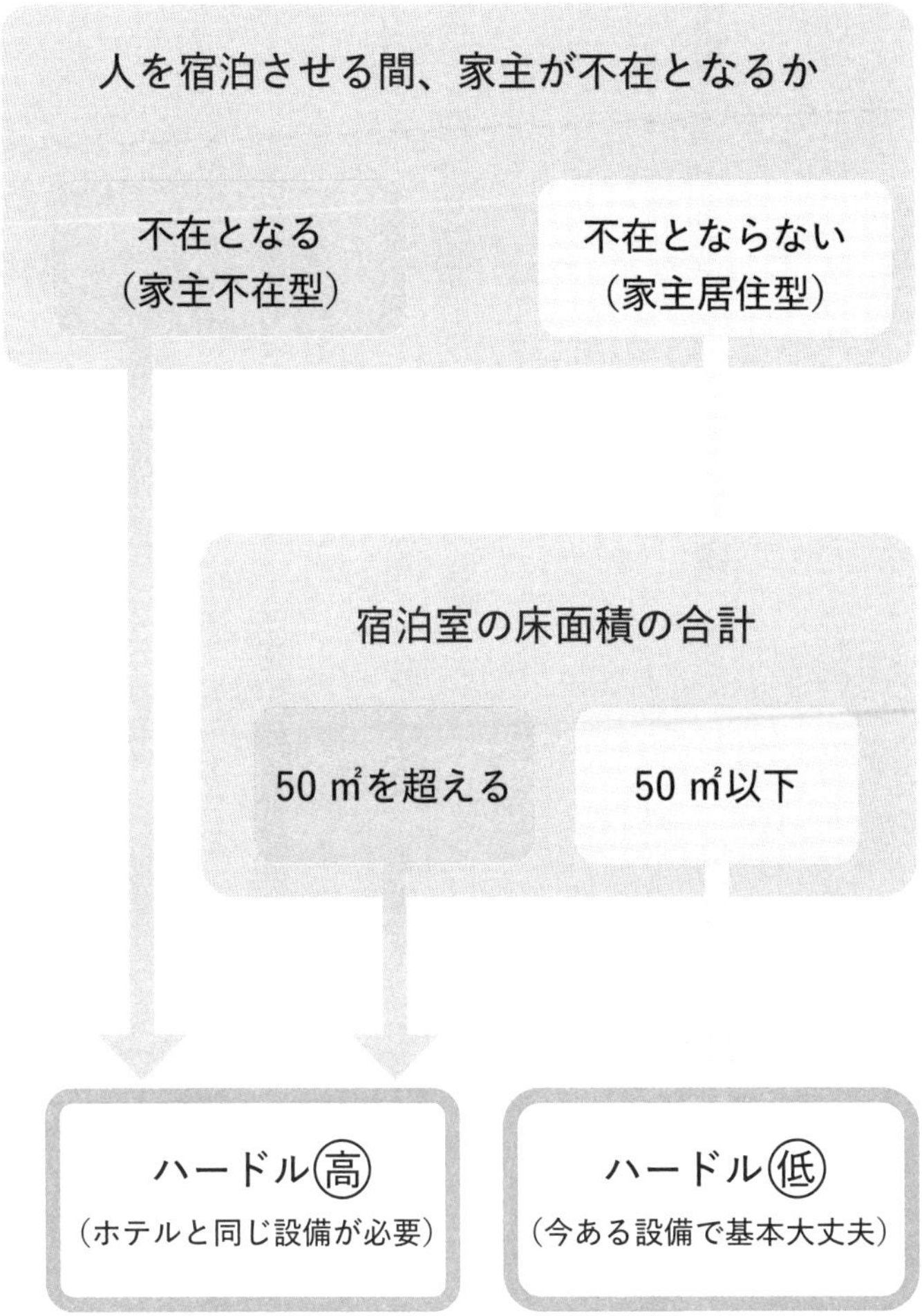

人を宿泊させる間、家主が不在となるか

不在となる
（家主不在型）

不在とならない
（家主居住型）

宿泊室の床面積の合計

50㎡を超える

50㎡以下

ハードル㊒
（ホテルと同じ設備が必要）

ハードル低
（今ある設備で基本大丈夫）

さらに「家主居住型」は、**「宿泊室」の床面積が50㎡以下か、それを超えているか**でも区分されます。

家主居住型で宿泊室が50㎡以下なら、**消防法では一般住宅と同じような扱い**となります。その場合、各居室やキッチン・階段等に**住宅用火災警報器を設置するだけでOK**です。

電池式の住宅用火災警報器なら、電気工事も不要なので、自分で取り付けも可能。ネット等でも**安いものは1つ2000円程度**で売っています。

消防署で設置するように指導を受けたとしても、必要な箇所の分だけ購入すればいいので、費用もそれほどかかりません。

ただし、納戸や広めのウォークインクローゼットなどが1部屋と見なされることもあるので、**消防署に図面を提出しての確認は必要**です。

私が1軒目にはじめたボロ戸建て物件は、この「50㎡以下の家主居住型」の条件に当てはまっていたので、消防設備にかかる費用はとても安くスタートできました。

その一方で、**消防設備上で問題となってくるのは、家主居住型でも宿泊室が50㎡を超えるケースや家主不在型のケース。**

旅館やホテルなどと同じような扱いとなって、一般住宅とは異なる消防設備の設置が必要になるなど、それなりの費用がかかってきます。

ちなみに、ここで述べた**「宿泊室」とは、ゲストが専有して使用する部屋のこと。**

キッチンやダイニング、風呂やトイレなどを共用する場合、そうしたスペースは含まれません。

なので、日本の住宅事情を考えれば、宿泊室が50㎡を超えるというのはかなり広い物件になると思うので、ここではあまり考慮しなくてもいいでしょう。

家主居住型は、このように消防設備が安くはじめられるので、自分のライフスタイルやタイミングと合えば、一度検討してみてはいかがでしょうか？

住宅用火災警報器

覚えておきたい消防設備4点セット

125ページの図のとおり、**家主不在型や客室の床面積が50㎡超の物件だと、消防法ではホテルや旅館と同等の扱い**になります。

その場合、消防設備の設置が必要になることもあります。

ただし、**規模の小さい建物であれば、簡易的な消防設備の設置だけで済むケースもある**ので、設置費用も安価に抑えることができます。

逆に、建物全体ののべ床面積が広い物件や高層マンションなどでは、しっかりした消防設備が求められるケースが多くなります。

大規模なマンションなのに、思いのほか家賃の安い物件に出合うことはありますが、ここで消防設備に関する確認を怠（おこた）って契約すると、**あとで本格的な消防設備の設置が必要とわかることもあり、結果的に初期費用が高騰（こうとう）**してしまいます。

家賃や立地条件以外にも、そうしたポイントの確認は、物件の賃貸契約前に不可欠です。

ここでは「ちいさくはじめる」というテーマに従って、小規模な建物の物件を中心に見ていきたいと思います。

まず、**民泊を運営するにあたって最低限必要なものは、次の4点セット**です。

まず確認したい消防設備4点セット

消火器	自動火災報知設備
非常用照明	誘導灯

▼消火器

消火器には業務用と家庭用があるので、**消防署に確認してから購入**しましょう。

ホームセンターやネットでなら、**安いものだと3000円台**から購入できます。

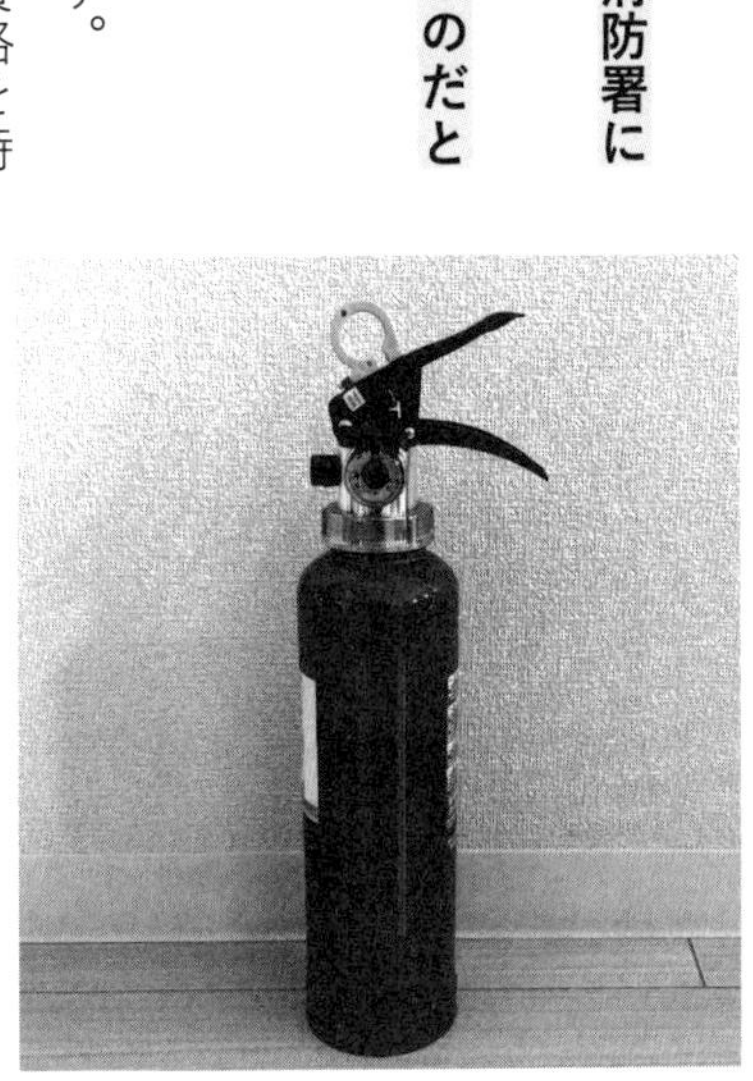
業務用消火器

▼自動火災報知設備

自動火災報知設備の設置も必要になります。

この自動火災報知設備は、消防設備士の資格を持つ人でないと設置作業をできません。

しかも、感知器・受信機・発信機などが連動しているので、配線工事費に15万～40万円ほどかかります。

ただし、規模の小さい物件であれば、この条件も緩和されます。

建物ののべ面積が300㎡未満で、2階建て以下の戸建て住宅なら、簡易式の「特定小

規模施設用自動火災報知設備」でＯＫです。

このタイプの設備は、**1個1万5000円前後**で、無線式のものもあるので配線工事はいりません。

消防設備士の資格を持っていない人でも設置作業ができ、事前の届出も不要となります。

ちなみに、無線式の特定小規模施設用自動火災報知設備の場合、**建物の建材や規模によって無線が遮断されてしまい、使用できないケースもあります。**

その場合、配線工事をしなくてはいけない自動火災報知設備が必要になってしまうので、その点にも気をつけて物件を探してください。

すでに消防設備の設置してある物件であれば問題

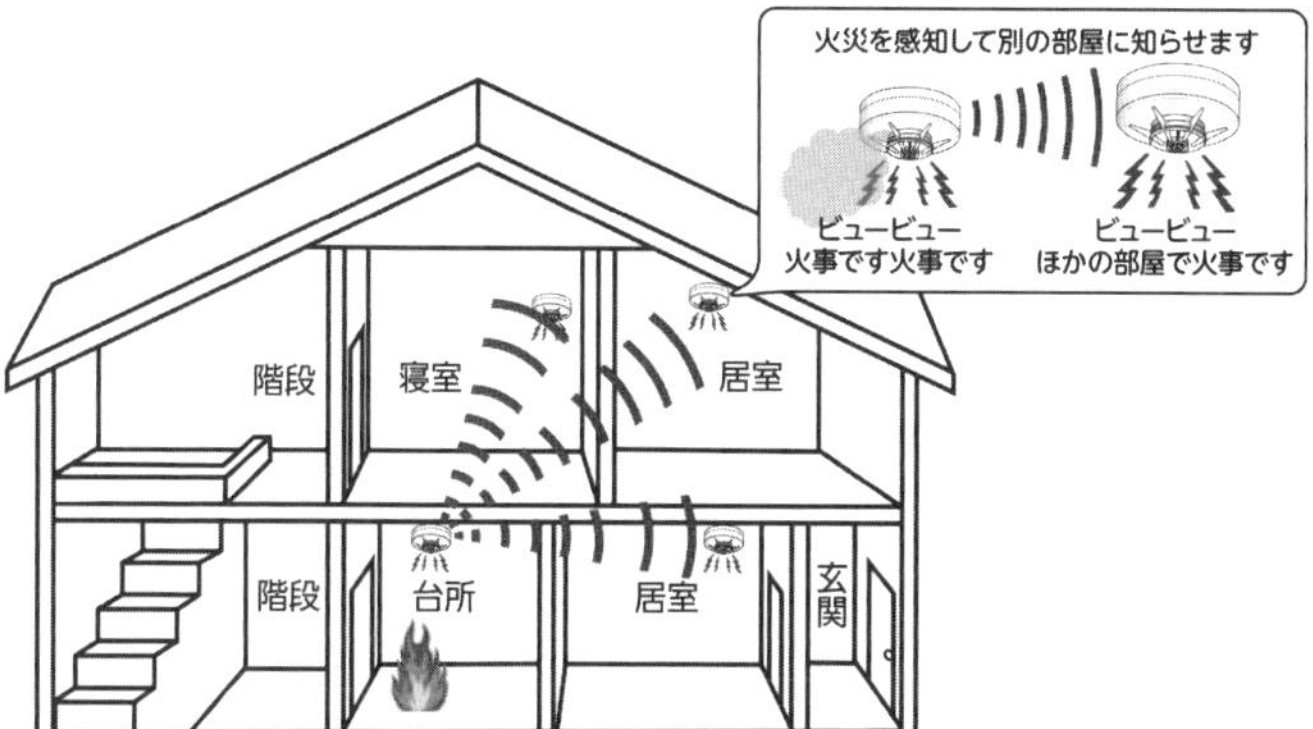

特定小規模施設用自動火災報知設備の設置例。
総務省消防庁「民泊を始めるにあたって」(https://www.fdma.go.jp/mission/prevention/suisin/items/minpaku_leaf_horetai.pdf) より引用

ありませんが、新規で設置が必要になると想定以上の出費が増えて、落とし穴になる可能性もあります。

民泊の手続きをする際、この消防設備関連でつまずく人も少なくありません。

ですから、繰り返しになりますが、契約前に消防署の事前相談に行き、消防設備がどれくらい必要になるか、必ず確認するようにしてくださいね。

▼誘導灯・非常用照明

誘導灯は火事や地震などで停電になった際、ゲストが安全に避難するための設備です。映画館などで上映中も点灯している、**避難経路を示す白と緑のライト**を思い出してもらえると、わかりやすいでしょう。

はじめて宿泊するゲストや日本語の読めない人でも理解できるように、人型などのわかりやすいピクトグラムのものを、**玄関などの民泊の出入口に表示**します。

階段や傾斜路がある場合には、階段通路誘導灯も必要になります。

また、その他にも、宿泊施設には消防法とは別に建築基準法の観点から、**停電時に自動**

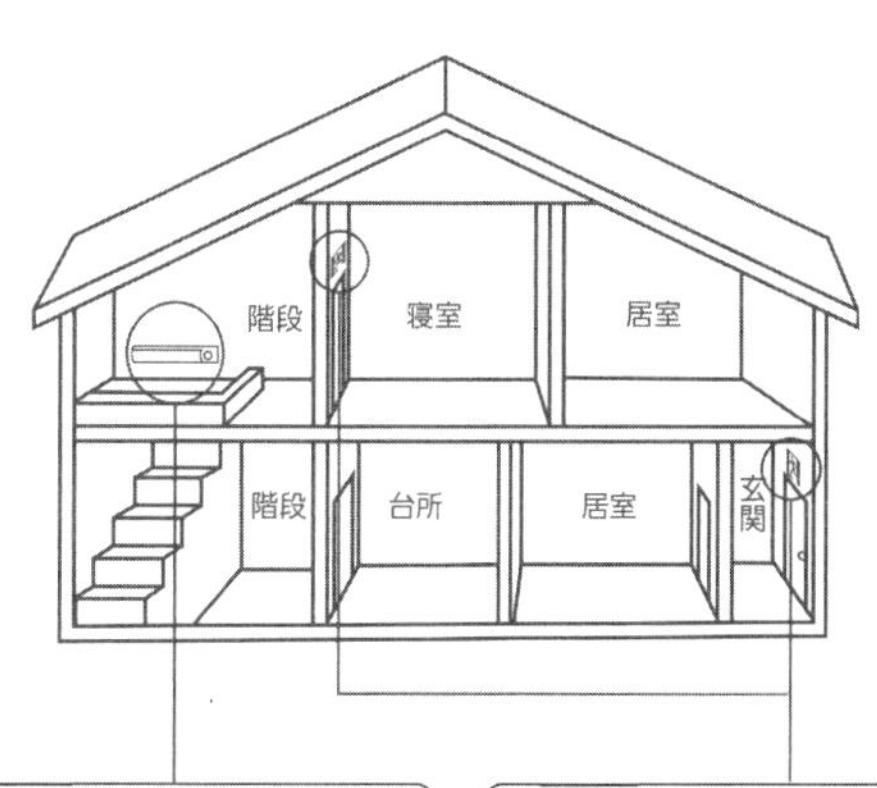

階段通路誘導灯

避難経路となる階段及び傾斜路に設ける誘導灯で床面に避難上有効な照度を与えるものをいいます。

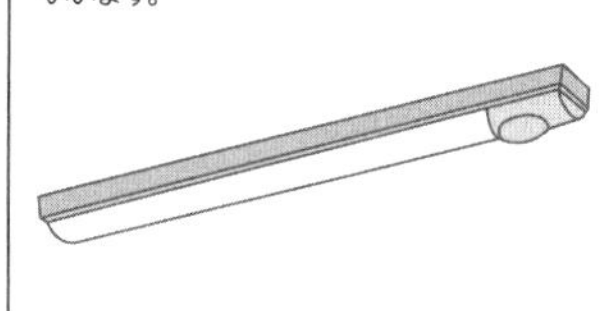

避難口誘導灯

火災発生時に有効に避難できる出入口等であることを表示した緑色の灯火です。

誘導灯の設置例。総務省消防庁「民泊を始めるにあたって」（https://www.fdma.go.jp/mission/prevention/suisin/items/minpaku_leaf_horetai.pdf）より引用

で点灯する非常用照明の設置が義務付けられています。

電源がなくても点灯することで、宿泊ゲストが安全に避難できるように設置されます。

これらの照明の設置工事は、電気工事士などの資格を持った人でなければできません。誘導灯そのものはネットでも購入できますが、設置には電気工事店などにお願いすることになるため、**誘導灯＋工事費で5万円前後**は最低でも見ておきましょう。

ただし、家主不在型の物件や、床面積50㎡超の物件でも、万が一の際に**スムーズに避難できると認められた物件であれば、誘導灯の設置が免除される**ケースもあります。

免除条件については、「総務省消防庁『民泊を始めるにあたって』」とネット検索してヒットするPDFのリーフレットを参照するか、消防署の事前相談時に確認してください。

ちなみに、マンションの低層階は、一般賃貸では敬遠されがちですが、**1階や2階の物件であれば、緊急時の避難もしやすいので、非常用照明などが免除されやすくなる**場合もあります。

宿泊ゲストにとっても、マンションの入口からすぐ入室できれば、大きなトランクなどを持っていても入室しやすいですよね。

物件探しの際は、このように一般賃貸とは違う視点を意識しておくことも大事です。

▼スプリンクラー設備

消防設備4点セットからは外れますが、もう1つ設備面でお伝えしておきたいことがあります。

それが、設置工事が必要になった場合、一番厄介なスプリンクラーについてです。

スプリンクラーは、**設置が義務付けられているのが、マンション等の11階以上のフロア、またはのべ床面積6000㎡以上の物件**です。

自分が住むマンションを探しているのなら、11階の部屋のほうが窓からの景色も素敵で、こちらを選んでしまうかもしれません。

でも、民泊用の物件となると、選ぶ基準が変わってきます。

スプリンクラーの設置は、給水用の貯水槽(ちょすいそう)をはじめ、建物全体に配管を通す等の工事が必要になるので、工事費用も大幅に増えてしまいます。

11階と10階ではあまり家賃が変わらないかもしれませんが、こちらのコストは大幅に違ってくるのです。

「ちいさくはじめる」民泊の場合、**すでに設置されている建物でなければ、10階以下の物件を選んだほうがいい**でしょう。

事前相談記録書を必ずもらおう

ここまで見てきた消防設備の設置等について事前相談をしたら、次のページのような**「事前相談記録書」を作成し、管轄消防署の確認印をもらいます。**

記入する用紙は自治体のホームページに掲載されているものをダウンロードすることもできますし、消防署にも置いてあります。

記入すべき事項も多いので、手書きだとけっこう骨が折れるかもしれません。

千代田区ガイドライン　様式3

事前相談記録書

● 住宅宿泊事業の届出を行おうとする方（相談者）が記載してください。
太枠部分は相談前に記載願います。

相談実施年月日		
事業開始予定年月日		
相談実施者（法人）氏名		
対象物所在・名称	千代田区	
届出予定住宅の状況	家主　在・不在	宿泊室面積　㎡
相談内容		

※　消防機関確認欄

相談先消防機関確認印	

【注意事項】千代田区では、千代田区住宅宿泊事業の実施に関する条例第6条により、区域と期間の制限がかけられています。届出住宅の場所と、管理形態によって営業できる期間が異なりますのでご注意ください。

事前相談をした証拠に消防署に確認印をもらい、保健所への届出の際に提出する「事前相談記録書」の一例。千代田区ホームページ「千代田区ガイドライン 様式 3 消防機関事前相談記録書」（https://www.city.chiyoda.lg.jp/koho/kurashi/jutakushukuhakujigyo/sodantodokede.html）より引用

事前に予約をしておけば、あらかじめ必要事項を記入した用紙をプリントアウトしてくれるところもあるので、大変便利です。

多くの場合、**次に保健所に書類の届出をする際、合わせて提出**することになります。

民泊施設の消防設備は、基本的に消防法に定められています。

専門的な内容も多く、初心者には理解しづらい点も少なくありませんが、**わからないことがあったら恥ずかしがらずに消防署でしっかりと質問しましょう。ちゃんと答えてもらえる**はずです。

消防設備のお金の話

消防設備の最後に、お金の話も改めて少ししておきたいと思います。

繰り返しになりますが、副業としての民泊は「ちいさくはじめる」が基本。最初はリスクを少なくするためにも、初期費用は抑えたほうがいいと思います。

ただし、消防設備の設置費用がかさむ場合でも、予算に余裕があって、なおかつ初期費用が増大してもしっかり回収できる見込みがあれば、やっても構わないと思っています。

基本的に、消防設備の初期費用が一番安く済むのは、戸建ての家主居住型です。このケースであれば、住宅用火災警報器の設置だけで大丈夫です。客室が何部屋あっても、1万円前後の費用で済んだりします。

「ちいさくはじめる」副業民泊の1軒目としては、このタイプがやりやすいのです。

また、戸建てでも家主不在型であれば、先程挙げた4点セットの設置が必要になります。

30〜40㎡程度の小さめの2階建て戸建て住宅の場合は、20万〜30万円程度の費用がかかります。

とはいえ、都心部で民泊をはじめようとする場合、日本の住宅事情も相まって、**マンションタイプの家主不在型がもっとも多くなる**のも事実です。

この場合は条件によって必要な設備が異なってくるので、一概にいくらかかると断言はできません。

それでも目安を挙げるとすれば、自動火災報知設備がないマンションなら、1個1万5000円前後の特定小規模施設用自動火災報知設備を数個は購入する必要があります。

設置を業者に委託する場合は、さらに数万円は費用がかかると考えてください。


その他にも、誘導灯の購入と電気工事費用に加え、防炎性能のカーテンやじゅうたんの購入などをすれば、それぞれに数万円ずつはかかるでしょう。

そう考えると、**マンションの1住戸だけだとしても、少なくとも15万円程度は消防設備の設置費用にかかる**と考えておくほうがいいと思います。


消防設備に関しては、建物の規模が大きくなるほど、しっかりしたものが求められる可能性が高くなります。

実際、**家賃が安い物件に飛びついたら、消防設備の設置だけでプラス100万円以上の費用がかかった**という例も耳にしました。

法令に定められた消防設備は、そう簡単に安く済ませるということができない案件です。だから賃貸契約を決めてしまう前に確認をしておく必要があるのです。

消防署への事前相談を通して、こうした消防設備面もクリアできるようであれば、物件の賃貸契約を進めていきましょう。

また、この段階で消防設備の設置が必要になった場合、予算と照らし合わせて問題ないようであれば、**賃貸契約の締結後に消防設備士や電気工事士の資格を持つ業者さんに依頼**し、見積もりを取ってから工事日程を決めていきます。

この後の保健所への提出書類を準備するのと並行して工事を進められれば、時間のロスも少なくて済みます。

工事が決まれば、消防署に「消防法令適合通知書の交付申請」などの書類を提出します。さらに設置する消防設備によっては「着工届」や「設置届」を出す場合もあります。

ただし、これらの手続きは、基本的に施工業者がやってくれるので、直接タッチする必要はありません。

工事が終わった後、自治体によっては、消防署の立入検査などが行われますが、これらの手続きは旅館やホテルなどの大規模施設を対象としています。民泊新法で定められた民泊施設には必須ではありません。

設置した消防設備に問題がなければ、1週間ほどで「消防法令適合通知書」が交付されます。

一方で、**消防設備設置費用が予算を上回るなどの場合は、縁がなかったときっぱりあきらめることも大事。気持ちを入れ替えて、次の物件を探していきましょう。**

保健所への届出

次はいよいよ、「保健所への届出」です。

実際の流れとしては、消防設備の工事と並行して進めることになりますが、ここでは保健所への届出について説明していきましょう。

必要な書類の一覧は、次のページの表のとおりです。

こうして一覧にしてみると、必要書類の数が多くて一瞬身構えてしまう人もいるかもしれません。

でも、実際にやってみるとそれほど大変な作業ではありません。

基本的には表を見ていただければわかると思いますが、ここでは意外と間違いやすい点などに絞って取り上げていきたいと思います。

必要書類（○印がある場合、必要）		届出者	
		法人	個人
[1]	住宅宿泊事業届出書	○	○
[2]	定款又は寄付行為	○	
[3]	法人の登記事項証明書	○	
[4]	届出者（法人にあっては役員）が、破産手続き開始の決定を受けて復権を得ない者に該当しない旨の市町村長の証明書	○	○
[5]	未成年者で、その法定代理人が法人である場合は、その法定代理人の登記事項証明書		○
[6]	住宅の登記事項証明書	○	○
[7]	住宅が「入居者の募集が行われている家屋」に該当する場合は、入居者募集の広告その他それを証する書類	○	○
[8]	「随時その所有者、賃借人又は転借人に居住の用に供されている家屋」に該当する場合は、それを証する書類	○	○
[9]	住宅の図面（各設備の位置、間取り及び入口、階、居室・宿泊室・宿泊者の使用に供する部分の床面積）	○	○
[10]	賃借人の場合、賃貸人が承諾したことを証する書類	○	○
[11]	転借人の場合、賃貸人及び転貸人が承諾したことを証する書類	○	○
[12]	区分所有の建物の場合、規約の写し	○	○
[13]	規約に住宅宿泊事業を営むことについて定めがない場合は、管理組合に禁止する意思がないことを証する書類	○	○
[14]	委託する場合は、管理業者から交付された書面の写し	○	○
[15]	欠格事由に該当しないことを誓約する書面	○	○

保健所に届出する書類。民泊制度ポータルサイト「届出の際の添付書類」（https://www.mlit.go.jp/kankocho/minpaku/business/host/procedure_doc.html）をもとに作成

この後の説明を読んでいただいても、まだ**わからないことがあった場合には、保健所に確認をしてみてください。**

事前相談の場でもいいですし、わからないことがあったら逐次問い合わせてみてもいいでしょう。

基本的に、保健所はきちんと対応してくれるはずです。

また、表にもあるように、個人と法人では必要となる書類が異なります。

この本では、「ちいさくはじめる」を基本にしているので、ここでは個人で行う手続きについてみていこうと思います。

最初から法人を設立してやる場合も、保健所に確認してから進めてください。

身分証明書

まず、表の⑷「届出者（法人にあっては役員）が、破産手続き開始の決定を受けて復権を得ない者に該当しない旨の市町村長の証明書」について、です。

行政手続きの場面で一般に「身分証明書」といわれるものですが、マイナンバーカードや免許証とは異なります。

正式名称のとおり、**「現在、破産者ではないことの証明」**です。

証明書の交付は、本籍地の市区町村役場の窓口・出張所・行政サービスコーナー等で、取ることができます。1通300円です。

本人・親・子・配偶者などが請求でき、それ以外の代理人に申請してもらう場合は、委任状が必要です。

また、**マイナンバーカードがあれば、オンラインでも申請が可能**です。

その場合、マイナンバーカード対応のスマホとクレジットカードが必要で、書類は郵送されてきます。

手数料の他に郵送料も必要になります。

身 分 証 明 書

本　　籍	東京都○○区○○町○丁目○番地○号
氏　　名	○○　○○
生年月日	昭和○年○月○日
1　禁治産又は準禁治産の宣告の通知を受けていない。 2　後見の登記の通知を受けていない。 3　破産宣告又は破産手続開始決定の通知を受けていない。	

発行番号○○○○

上記のとおり相違ないことを証明する。

令和○年○月○日

東京都　○○区長　　○○○○　公印

「身分証明書」の例。破産をしていないことが3項で証明されている

住宅の登記事項証明書

⑹「住宅の登記事項証明書」とは、その住宅の「所在地・不動産番号・種類・構造・床面積・登記日・所有する権利者の履歴」などが記載されているものです。

一部の自治体では、この建物の「種類」が「居宅」などになっていないと、民泊営業が認められないところもあります。

また、実際に住宅として使われ、不動産業者さんが作成するマイソクにも「住宅」とあるのに、登記を取ると「事務所」「車庫」「倉庫」等になっていることもあります。

その場合、登記を修正する必要が出てきますが、建物の所有者に登記簿の変更をお願いしないといけません。

ただし、実は登記の種類によって固定資産税が変わってくるため、**変更をしたがらない大家さんもいる**のです。

私の知り合いにも、実際にこうしたトラブルに遭遇し、修正するまで1カ月以上かかってしまったという人もいます。

入居者募集広告など

住宅が「入居者の募集が行われている家屋」に該当する場合は、(7)の「入居者募集の広告その他それを証する書類」も必要となります。

のちほどお伝えする「住宅宿泊事業届出書」にも関係してきますが、**実は、民泊をする住宅は、次の3つのいずれかに該当していなければならないという規定があります。**

- 現に人の生活の本拠として使用されている家屋
- 入居者の募集が行われている家屋
- 随時その所有者、賃借人又は転借人の居住の用に供されている家屋要は、「今、人の住居として使用されている家屋」か、「入居者募集中の家屋」か。
または、「生活の本拠ではないが、これに準ずる家屋（年に数回使用する別荘・休日のみ生活するセカンドハウス・別宅として使用している古民家・転勤や親からの相続で今は非居住だが、将来住む予定のある家など）」なのか。

この中のどれかなら、ＯＫということです。

逆にいえば、**居住といえる使用履歴が一切ない新築投資用マンションだと、民泊営業は不可**ということで、ここでは「民泊をやる物件が、もともと一般の人が住むために作られた住宅であることを証明せよ」と言われています。

なので、自分が民泊をはじめようとする物件が、「入居者募集中の家屋」に該当する場合は、**住宅広告のチラシ**や**不動産賃貸サイトのコピー**など、その物件が入居者募集をしていた証拠を示せばＯＫです。

住宅の図面

(9)の「住宅の図面」には、各設備の位置、間取り及び入口、階、居室・宿泊室・宿泊者の使用に供する部分の床面積などが含まれます。

民泊制度ポータルサイトによると、特に次の囲いの内容が不可欠とされています。

これらの項目が明確に記載されていれば、手書き図面でもＯＫです。

私の場合、**不動産業者さんの作る「マイソク」を拡大コピーし、必要な要件を手書きで書き加えたものをよく使っています**（153ページ参照）。

- 台所、浴室、便所及び洗面設備の位置
- 住宅の間取り及び出入口
- 各階の別
- 居室、宿泊室、宿泊者の使用に供される部分（宿泊室を除く）のそれぞれの床面積

● 非常用照明器具の位置、その他安全のための措置内容等、安全の確保のための措置の実施内容について明示

最後の安全確保の項目については、同時に複数グループを宿泊させた場合に必要となる「防火区画」の問題や、戸建てや長屋の場合に規模に応じて必要になる「安全措置」の問題もあります。

これらについては、**「民泊の安全措置の手引き〜住宅宿泊事業法における民泊の適正な事業実施のために〜」とネット検索して、国土交通省のホームページを参照**してみてください。ＰＤＦをダウンロードもできます。

この資料を確認しながら、保健所の担当の方に相談するといいです。

なお、自治体によっては住宅図面とセットで、安全確保に必要な措置を記載したチェックリストの提出を求められるケースもあります。これも自治体のホームページなどで公開していたりするので、事前に確認しておくといいでしょう。

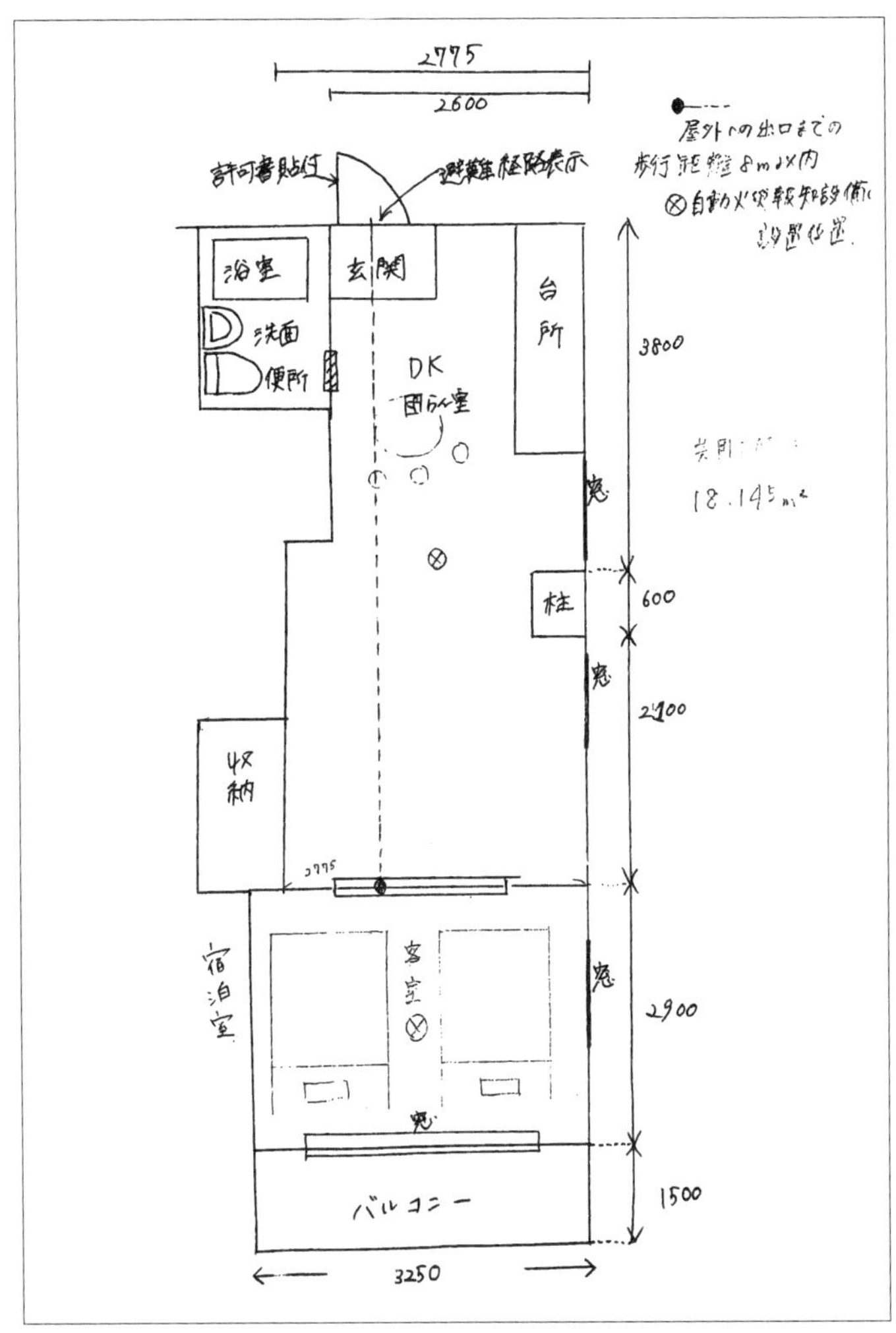

実際に私が届出で使用した物件の図面。不動産業者さんの作るマイソクに自分で必要な情報を手書きで加えています

転貸承諾書

⑽の「賃借人の場合、賃貸人が承諾したことを証する書類」は、**「賃貸で物件を借りた人が、大家さんに民泊をする承諾をもらった証明書類」という意味**です。

この書類は、特定のフォーマットが決まっていません。

「賃貸人（大家さん）」が、「賃借人（物件を借りる人）の行う住宅宿泊事業」のために、「物件（マンション名・部屋番号）」を「転貸することを承諾」する旨を記載し、その書面に「大家さんの住所・署名・捺印」をもらえばOKです。

ちなみに、**書面の中で「転貸の承諾」のみに触れ、「住宅宿泊事業を行うこと」に触れていない場合は、民泊の許可を示す書類として認められないこともあるので要注意**です。

実はこの段階で、大家さんから民泊をする許可をもらえず、結局あきらめなければいけなくなるというようなトラブルも起こったりします。

不動産業者さんの説明では大丈夫だと言われていても、いざとなると大家さんが渋ったり、気が変わったりすることもあるでしょう。

また、最終的には許可をもらえたとしても、それまでに時間がかかってしまい、営業開始が遅れてしまうこともあります。

不動産業者さんに問い合わせる段階から、きちんと確認を取っておくことを忘れないでください。

マンションの管理規約のコピー

⑫の「区分所有の建物」とは、1棟の建物が2つ以上の部屋に区切られ、その部屋の権利が別々の人にあるもののことです。マンションなどの共同住宅を指します。

つまり、**民泊をはじめようとする物件がマンション等の共同住宅の場合、マンションの管理規約のコピーを提出する**ということです。

ちなみに、管理規約で「住宅宿泊事業を禁止」とある場合や「宿泊料を受けて人を宿泊させる事業は禁止」など民泊も含まれる表現がある場合は、その物件での民泊営業は認められません。

転貸許可と同様、早い段階で規約にこの禁止事項がないかは確認しておきましょう。

管理委託契約書のコピー

ここまでの説明で、あえてお伝えをしてこなかったことが1つあります。

それは、**「家主不在型」**または**「家主居住型でも1物件の中に6部屋以上」**の場合、行政の登録を受けた**「住宅宿泊管理業者」さんに管理を委託しなくてはならない**、という義務があるということです。

そう、これまで「ゲストのチェックアウト後の掃除などは自分でやる」とお話ししてきましたが、実はこれは勝手にやってはいけないのです。

私の1軒目の物件は、家主居住型で5部屋以下の物件だったので、自分でやっても問題はありませんでした。

その後に扱う物件数が増えると、個人的なツテで掃除などをお願いしていますが、現実にはこの条件に当てはまっているオーナーさんでも、自分ですべてやっているケースはたくさんあります。

では、自分でやるにはどうするかというと、**住宅宿泊管理業者さんに一度委託してから「再委託」という形をとって、掃除等の自分でできることは自らやる、**ということです。

ちなみに、この住宅宿泊管理業者とは、「宅地建物取引士等の不動産資格」や「住宅の取引や管理に関する2年以上の実務経験」があれば、国土交通大臣に登録申請できます。要件に当てはまっていて、これから長く民泊をやりたい人は、申請を出して自分でやってしまうのもアリです。

実際には住宅宿泊管理業者さんに業務委託をすることも多くなると思うので、「管理委託契約書」を結ぶ必要があります。

⒁**「管理業者から交付された書面の写し」とは、そこで交わされた、この管理委託契約書をコピーしたもの**です。

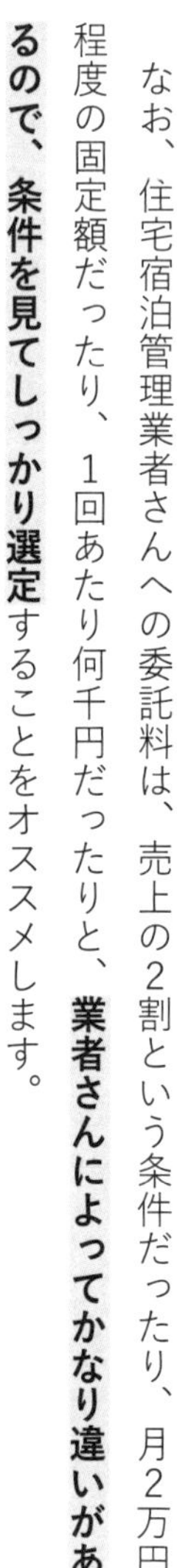

なお、住宅宿泊管理業者さんへの委託料は、売上の2割という条件だったり、月2万円程度の固定額だったり、1回あたり何千円だったりと、**業者さんによってかなり違いがあるので、条件を見てしっかり選定**することをオススメします。

消防署の事前相談記録書

届出の際に必要となる基本的な添付書類については以上ですが、自治体によっては他にも書類が求められることがあります。

たとえば、消防署への事前相談の最後に作成し、**消防署から確認印をもらった「事前相談記録書」は、添付書類に含めて提出することが多くあります。**

また、「事前相談記録書」ではなく、消防署への届出をして立入検査を受け、合格した場合に交付される**「検査結果通知書」の提出を求める自治体もあります。**

この場合、消防署への届出を、保健所への届出よりも先に進めておく必要があります。

その他、たとえば新宿区の場合には、「廃棄物の処理に関する確認書」といった、ゴミに関する独自書類を提出する必要もあったりします。

このあたりは、**自治体によってまちまちなので、保健所への事前相談の際に確認**して、地道に書類を集めたり、作成したりしていきましょう。

住宅宿泊事業届出書

そして最後が、**もっとも重要な⑴の「住宅宿泊事業届出書」**です。

これを提出すれば手続きは完了。いよいよラストスパートとなります。

この「住宅宿泊事業届出書」は、5枚でワンセットの書類になっています。

結構書き込むことが多いので、くじけそうになるかもしれませんが、これさえできればもう民泊のオープンはすぐそこ。あきらめずに頑張ってください。

わからないことがあったら、保健所に問い合わせてもいいでしょう。繰り返しますが、**わからないことは素直に聞いてみるのが一番**です。

また、**「【記載例】住宅宿泊事業届出書**（第一号様式）」**というワードでネット検索**をしていただくと、民泊制度ポータルサイト上に届出書の書き方の例がPDFで掲載されています。

これを見ながら記入してもらえると、わかりやすいでしょう。

これでようやく「保健所への届出」の書類がすべて作成・取得できたことになります。

書類の届出は、物件が所在する自治体の保健所の窓口に行って提出します。

あるいは、**「民泊制度運営システム」とネット検索するとヒットする、民泊制度ポータルサイト上のページから利用登録をすれば、オンラインでの届出も可能**です。

これから先も物件数を増やしていきたいのであれば、オンライン申請のやり方を身につけておくのもいいでしょう。

また、自治体によっては窓口での届出は一切受け付けず、オンラインでの届出のみとしているところもありますし、申請書に実印を押して持参や郵送で提出してくださいというところもありますので、これも事前に確認しておくといいでしょう。

ちなみに、ここで紹介した保健所への届出は、**行政書士さんに依頼する**手もあります。もちろん、その場合は、**個人なら20万円程度**、**法人なら30万円程度**の費用がかかります。

ただ、書類作成は手間と時間がかかるもの。会社勤めをしながら作成作業をするのは、なかなか大変という人もいるでしょうし、オンライン申請ができない自治体の場合は会社を休まないといけません。

ですから、もしも仕事を休みづらく、予算に余裕があるのであれば、書類作成のプロである行政書士さんにお願いするのも悪くありません。

私の運営するオンラインサロンの参加者で新たに民泊をはじめる場合、**自分で届出をやっている人は5人に2人くらい**です。

労力を考えると、行政書士さんにお願いしたいと考える人は、意外と多いようです。

手間のかかる作業はプロにお願いし、余裕ができた時間で物件のインテリアを充実させたり、ネットでの見せ方を研究したりするのもいいでしょう。

すでに複数の物件を運営し、業績も順調であれば、その時間を使ってさらに新しい物件を探すという選択肢もあります。

保健所からの届出番号通知&標識交付

保健所で必要書類の確認が済むと、みなさんのもとに**届出番号の通知**と**「住宅宿泊事業届出済」の標識（ステッカー）が交付**されます。

この標識は、戸建て住宅なら**門扉や玄関（建物の正面の入口）等の地上1・2m〜1・8mの認識しやすい高さに掲示**します。

共同住宅の場合は、管理組合と相談したうえで**自分の民泊物件の玄関前だけでなく、共用エントランスの集合ポスト等にも、サイズを調整して標識の一部を掲示**してください。

標識は、民泊事業を実施している間は、ずっと継続して掲示する必要があります。

これで保健所関連はクリアしました！　大変だった届出関係は終了です。

この標識と通知のスクリーンショットがあれば、Airbnb に登録できるようになります。

そこで、次の3章では一番大事なお部屋作りについて、お伝えしていきたいと思います。

届出が受理されると交付される標識。写真は、民泊の玄関に貼った通常サイズのもの（上）と、民泊がある建物のポストに貼ったミニサイズのもの（下）

鳩子流 届出のあれこれ

重要ポイントの復習!

☑ 届出申請の流れを把握!

届出先は、民泊全般を管轄する保健所と、消防設備の設置に関する消防署の2つ。「保健所への事前相談→消防署の事前相談→書類を準備して届出→民泊OKの通知」が大きな流れなので、迷子にならないように! ちょっとめんどくさい届出申請ですが、1回やるとコツがつかめるようになります。時間がない人は行政書士さんに頼むのも手ですが、1軒目は自分でやってみることをオススメします!

☑ 物件の賃貸契約は、事前相談をしてから!

賃貸契約を済ませた後に民泊営業の規制や消防設備の設置義務があるとわかったら困りもの。気になる物件があったら、物件の契約前に、保健所と消防署に相談してみることが大事。ここでどれだけスピーディーに動けるかが、勝負の分かれ道!

☑ わからない場合は、とにかく相談！

届出に必要な書類は数も多いうえに、お役所言葉で難しく感じることも。「民泊の手引き」を見てもわからないことはあるはずなので、そんなときは遠慮せず、保健所や消防署の担当者にどんどん質問しましょう。1軒目を立ち上げるときはみんな初心者です。自分で調べることももちろん大事ですが、自己流の判断は禁物です。

☑「今が一番大変だから」と、自分を励まそう！

民泊でつまずく一番の理由は、この届出関係。届出の書類は個人だと13項目ありますが、「〜の場合」という条件付きを除くと、実際には10項目。心が折れそうなときは、「ここが踏ん張りどき！」と、自分を元気づけて乗り切りましょう！　副業収入ゲットまでもう少し!!

第3章

予約が続々入る「売れるお部屋」の作り方

「売れるお部屋」を作るためのポイント

物件が決まって賃貸契約も済み、届出も完了して届出番号と標識をゲットしたら、もう民泊の経営をはじめることができます。

でも、たくさんのゲストが泊まってくれるような民泊にするためには、やっておかなければいけない大きな仕事があります。

それは、次から次へと予約が入るお部屋、いわゆる**「売れるお部屋」を作ること**です。

ターゲットは長期滞在の海外旅行者

では、どうやったら、選んだ物件が売れるお部屋になるのでしょうか。

ビジネスで成功するためには、最初に**対象となる客層を設定**し、その**ターゲットに合わせて商品を作っていく**のが王道です。

そこで、私が民泊をはじめたときに最初に考えたのは、**「海外からの長期滞在の旅行者」をメインターゲットに設定すること**でした。

民泊新法には180日という営業日数の規制もあります。

だから、1泊2泊でどんどん回転していく旅行者より、1週間や2週間、あるいは1カ月単位で泊まってくれるゲストをターゲットにするほうが、チェックインやチェックアウトの手間も減り、掃除などのコストもかからないので、**圧倒的に効率がいい**のです。

それでは、どうやったら、そんな長期滞在のゲストに泊まってもらえるのか――。

その答えが、**「暮らすように泊まれる」スタイルにすること**でした。

私がバックパッカーとして旅行をしていたときに出会った海外からの旅行者の多くは、長期の休みを取って旅をしていました。

特に欧米では、夏休みが2カ月ある国も多く、クリスマスや年末年始、イースターなどの時期にも長い休暇を取る人が少なくありません。

あるいは私のように、1年以上にわたって仕事を休んで世界中を旅して回り、終わったらもとの仕事に復帰する、というようなケースもあります。

1つの都市に1~2週間滞在するのは当たり前で、気に入れば1カ月以上とどまることもめずらしくないのです。


もちろん、そうなれば、連日高級ホテルに泊まるわけにはいきません。

私が運営している規模の民泊は、そういった長期休暇のゲストから選んでもらえるように、ビジネスホテルと競り合っているのです。

だからまず、97ページでも触れたように、**ビジネスホテルとの差別化**を徹底的に行いました。


ビジネスホテルの客室といえば、その多くがベッドと小さな机しかないような間取りになります。帰って寝るだけなら問題ありませんが、長期で泊まるならやや不便です。

食事も毎回外食というわけにはいかないでしょうし、**近所のスーパーで食材を買って、**

自分で料理をしたいと思うときだってあるでしょう。

だから、キッチンのスペースはあったほうがいい。

その意味で、長期で滞在を考えるゲストからの支持は、民泊に軍配が上がるのです。

1章の物件選びでもお伝えしましたが、この**「暮らすように泊まれる」シーンをイメージできる部屋作りにしていくことが、「売れるお部屋」への最重要ポイント**です。

私が最初に立ち上げた一軒家の物件では、ゲストが泊まる部屋は4・5〜6・5畳ほどと、さほど広くはなかったのですが、リビングやキッチンは共用スペースとして使ってもらっていました。

共用のキッチンで料理をするゲストも多く、私の分の朝食も一緒に作ってくれる人がいたほどです（とってもありがたかったです）。

リビングで宿泊者同士が談笑していることもあり、私も時間があるときはそこに交じってゲストとお話ししたりもしました。

そんなふうに「暮らすように泊まれる」お部屋だったからこそ、想像以上に予約もたくさん入ったのだと思います。

宿泊したゲストの多くは、1週間や2週間ほどの滞在日数でしたし、なかには2～3カ月滞在したフランスからのゲストもいました。

長期滞在を狙うならリビングを充実させよう

それでは、どうしたら暮らすように泊まれる民泊が作れるのでしょうか?

私の部屋では、**リビングの作りを一番重視しています。**

前にもお話ししましたが、ビジネスホテルにない民泊のメリットは、料理をしたり、ゆっくり食事ができたりするところにあります。

食事の際には、ローテーブルよりも脚の長いダイニングテーブルのほうが、家族で食卓を囲むイメージがつきます。

なので、私は**リビングには必ずダイニングテーブルを置きます。**

部屋の間取りによってはカウンターを作って、横並びに座れるようにすることもありますが、とにかく**ゲスト全員が座って食事をできる場所を確保**します。

また、ダイニングテーブルとは別に、ソファーとローテーブルを置けば、食事スペースとゆっくりくつろぐスペースが分けられて、より「暮らすように泊まれる」リビングになります。

もちろん、部屋が小さめだとダイニングテーブルとローテーブルを両方置くのが難しくなるので、その場合は部屋全体が広く見えるローテーブルのみでもいいです。

ただ、キッチンのそばにカウンターを作ったり、食事や仕事ができる小さめのテーブルを置いたりなど、部屋の間取りに合わせて何かひと工夫はしたいところです。

ちなみに、キッチンは設備が充実しているに越したことはありませんが、日本の一般的な家庭レベルのもので問題ありません。

鍋やフライパン、包丁やまな板などの基本的な調理用品、宿泊人数を想定してそれに応じた食器類もそろえておきましょう。

民泊のリビング（上）とキッチン（下）の一例。キッチン備品は冷蔵庫・電子レンジなどの家電や鍋・包丁などの調理器具、食器類など

ゲストを詰め込みすぎない配置

リビング作りと同じように、頭を悩ませるのがベッドです。

1章でも触れましたが、民泊は何人泊まれるかが売上に直結してきます。

民泊新法では**宿泊者1人当たりの面積の目安を3・3㎡**としています。

つまり、数字上では、居室が33㎡あれば10人泊めることが可能、ということです。

ただし、この数字どおりにレイアウトしてしまうと、とんでもなくぎゅうぎゅう詰めになってしまいます。

そこまでとはいわなくても、広めのワンルームや1LDKにシングルベッドと2段ベッド、さらにソファーベッドを配置すれば、かなり効率的に収益を得られそうな気もするかもしれません。

バックパッカーがよく利用するユースホステルや格安ゲストハウスのドミトリーは、たしかにそんな部屋も少なくありません。特に若者ならそうした安宿を選びがちです。

コロナ禍になる前は、そうしたスタイルの民泊もたくさんありました。

でも、**コロナ禍以降は、ゆったりとしたレイアウトのお部屋が主流**になっています。

そもそも、ここで私たちが想定するゲストは、家具でぎゅうぎゅうなお部屋を選ぶ人たちではなく、「暮らすように泊まれる」ことを好む、長期滞在の人たちです。

そうしたゲストが泊まりたいと思う部屋は、やはり**広くて明るい清潔感のあるお部屋**なのです。

最初にお伝えしたように、お部屋のレイアウトを決める際は、まずどんな人に泊まってほしいのかをイメージすることが大切。

それから、**どこにどんなベッドを置くか**を考えていきましょう。

私が運営する物件の多くは、**基本的にセミダブル以上のベッドを置く**ようにしています。

友達同士での旅行が多い若者にはシングルベッドのほうがいいと思いますが、夫婦や家族で旅行する場合には、やはりセミダブルぐらいの大きさがあるベッドが好まれます。

民泊の寝室の一例。広くて明るい印象になるようにレイアウトを。長期滞在の旅行者を狙うためにも、ベッドはセミダブル以上のものがオススメです

夫婦でゆったり眠ることもできるし、セミダブルベッドが2台あれば、子どもがいても、夫婦2人&子ども2人という泊まり方だってできます。

また、リビングにソファーベッドも置いておけば、もう1人泊まることも可能です。押し入れにも1枚マットレスをしまっておけば、最大6名まで宿泊ができるようになるのです。

海や山などの近くにあるリゾート民泊であれば、もう少し大人数の6人や8人といったグループで利用するケースが多くなってきますので、2段ベッドなどを置くことも考えられるでしょう。

もちろん、部屋の大きさによって置けるベッドの種類は限られると思いますが、**「どんなゲストに泊まってほしいか」を考えることがマスト**です。

民泊に必要な家具・家電の買い方

お部屋作りにおいては、どんな備品や小物を用意するかも重要な問題です。

なかには、それほど頑張らなくて大丈夫なものもあれば、おろそかにしているとゲストからの苦情につながってしまうものもあります。

いろいろポイントがあるので、見ていきましょう。

コストを抑えるならフリマサイトや地元情報掲示板サイト

私がコストを抑えたいという場合に役立ったのがリサイクルショップやフリマサイト、特に地元の情報掲示板サイトの**「ジモティー」**でした。

ここを覗くと、地域ごとにさまざまな情報がまとめて掲載されています。

いらなくなったものを「タダであげます」とか「格安でお譲りします」といった情報が山のように載っているのです。

私が民泊をはじめたころ、民泊新法の施行時に保健所や消防署での手続きを嫌って撤退するオーナーもたくさんいましたが、こうしたサイトを見ていると、**「民泊撤退セット」**のようなものがたくさん出ていました。

それらが見つかれば、家具や家電を格安で一式丸ごと買うこともできます。

もちろん運送費は別途かかりますが、運よくそういった出品に出合えれば、そのまま民泊がスタートできます。

とはいえ、「冷蔵庫などの家電は、リサイクルはちょっと……」と抵抗感を覚える方もいるかもしれません。

そんなときに役立つのはやっぱり、ニトリや無印良品、あるいはヤマダ電機やビックカメラなどの量販店です。

特に家電の場合は、冷蔵庫・電子レンジ・洗濯機など**1人暮らし向け3点セット**や、べッドなども加えたものが一式5万円程度から、まとめてセット販売されています。

1軒目を立ち上げる際には活用してみるのもいいでしょう。


ちなみに、家電や大型家具については、レンタル業者から借りる手もありますが、実際に費用を計算してみると、**リサイクルや量販店で購入するよりも、レンタルのほうが割高**になるのが通常です。

初期費用を抑えるという意味ではいいでしょうが、長期での使用や壊れるリスクも踏まえて考えると、あまりお得とは言えないと思います。

サイトや量販店でまとめて買えるのであれば、そちらがオススメです。

家電は機能がシンプルなものを選ぶ

民泊用の家電を購入するときに注意したいことをもう1つ。

日本の家電はとにかく高機能・高付加価値のものが多いんです。日本人でも使いこなすのが難しいこともあるので、日本語がわからない外国人旅行者にとってはなおさら。

基本的に私は、エアコンなどのリモコンや電子レンジなどの操作パネルには、ラベルシールで英語の表記を貼り付けたり、操作方法を英語に訳してハウスマニュアルとして部屋に置いたりしています。

そしてそれ以前に、まず**家電を選ぶ際にはできるだけシンプルな機能のものを選ぶようにしています。**

たとえば電子レンジなら、温めるだけの単機能でＯＫ。オーブン機能や、ましてＡＩ機能がついたものなどは必要ありません。

エアコンだって、冷房と暖房があれば十分。除湿とか脱臭機能とかイオンで室内を除菌とか、ハイスペックなものもなくていい。

高機能すぎて使い方がわからないというクレームはありますが、機能がシンプルだといってクレームをつけてくる人は、今まで１人もいませんでした。

ベーシックな機能がちゃんと使えれば、安いものでまったく問題ないのです。

「民泊の家具・家電は消耗品」だと思っておく

その他にも、**ベッド・テーブル・ソファーといった大型家具類、洗濯機・冷蔵庫・レンジなどの大型家電**、さらに**ドライヤー・アイロンなどの小型家電**も必要になります。

これらをまとめて買いはじめると、お金はどんどんかかってしまうでしょう。

さらに、民泊をはじめてつくづく実感したのが「家具・家電は消耗品」だということ。

あるとき、子ども連れで滞在したゲストから、ベッドが壊れている、というクレームが入りました。

ただ、その物件はオープンしたばかりで、その日が最初のゲスト。ベッドも量販店のものですが新品で購入していて、絶対にそんな簡単に壊れるはずがないと思っていました。

当初はその人たちも、最初から壊れていたのではないかと言ってきました。

でも、実は子どもといっても、とても大柄。ラグビーか格闘技でもやっていそうな体格の男の子。その子がベッドに飛び乗り、ぴょんぴょん飛び跳ねていたらしいのです。

その結果、ベッドのフレームはものの見事にバキッと折れたのでした。

ちなみに、最終的には、Airbnb のサポートが間に入ってくれて、ベッドの代金に加えて、壊れたベッドの処理費用を回収することはできました。

こんなふうに、**家具や家電が壊れることはたびたび起こります。備品がなくなったり、洗っても汚れが取れなくなったりといったことも日常茶飯事。**

不注意やわざとなど、いろいろなケースに遭遇しました。

民泊を利用するゲストのほとんどは、本当にいい人たちで、物を壊したりしないし、汚れたものはきちんと洗ってくれます。

それでも、そういった困った人たちに遭遇することもあるのです。

でも、そういうときは、いちいち腹を立てていてもはじまりません。

ゲストが壊したり、物をなくしたりしたことが証明できれば、**本人もしくは Airbnb などの民泊ポータルサイト経由で補償**してもらえるので、最初からそのつもりで、壊れたりなくなったりして惜しいものは、使わないのが一番だと思います。

あまり高価なものを買うことはやめ、「部屋にある物はいつか壊れる」「なくなるときはなくなる」と割り切ってやっていくほうが、精神衛生上いいと思います。

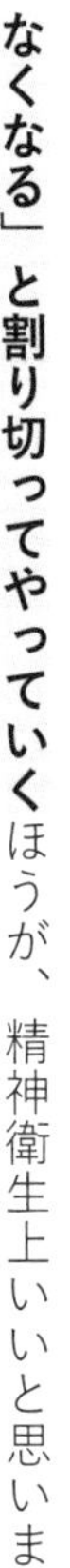

現代の旅行者にはWi-Fiが必須

量販店などで売られている家電セットには、テレビが含まれている場合もあります。

でも、海外からのゲストをメインターゲットにした場合、**テレビは絶対に必要というわけではありません**し、実際、私の運営している物件でもほとんど置いていません。

設置したとしても、観られるのはほとんどが日本語だけの番組。外国を旅行中のゲストにとっては、観られなくてもあまり困らないでしょう。

むしろ、**必要なのはネット環境**です。

現代の旅行者の多くが、スマホだけでなく、パソコンやタブレットなど、複数のデバイスを持ってきています。

ですから、テレビよりむしろ**Wi-Fi設備がどれくらい充実しているかが、「売れるお部**

屋」の必須条件**となってくるといえるでしょう。

私が運営する物件では、基本的に**光ケーブルを引いて、固定型のホームタイプのWi-Fiルーターを設置**しています。

さらに、**持ち歩き可能なポータブルWi-Fi**もあれば、外出時にもネットが使えるので、ゲストには喜ばれるでしょう。

ポータブルの場合、月2000～4000円程度でレンタルが可能です。

ちなみに、ホームタイプのルーターではなく、ポータブルWi-Fiで部屋の通信環境を整えるという手もありますが、それだと通信容量が足りなくなる可能性があります。

先程も言ったように、多くの旅行者がスマホやパソコン、タブレットを持ち歩いていますし、場合によってはゲーム機を持っていることもありますから、1人3回線以上は使うものだと思っていたほうがいいでしょう。

限度を超えると速度制限がかかってしまうため、使い勝手は悪くなります。

そのため、その部屋に何人宿泊するのかを計算して、**通信容量に余裕ができるくらいの**

環境を準備しておく必要があります。

また、ポケットWi-Fiは、置いておくとゲストが持ち帰ってしまう不安もあると思いますが、今のところ、私の物件ではそうしたケースは一度もありません。日本国内ならともかく、海外に持ち出したら使えないものなので、意外と盗難のリスクは低いようです。

小物も、清潔感重視で、好印象に！

それから意外とお金がかかるのが、小物・生活雑貨類です。

普段の生活では、足りなくなったら買い足しているので、あまり気にしないことも多いのですが、いざまとめて買うとなると、結構な金額になります。

● 枕・かけ布団などの寝具類やシーツ・布団カバーなどのリネン類

- バスタオル・ハンドタオル・ティッシュ類
- 鍋・フライパン・トング・菜箸などキッチン用品
- サラダオイル・塩・コショウなどの基本的な調味料
- 皿・茶碗・スプーン・フォーク・箸など
- リビングの床に敷くラグマットやクッションなど
- 掃除道具（滞在中はゲストが掃除をします）
- 石鹸・シャンプー・リンス・ヘアブラシなどのアメニティ

なかでも、**寝具類は清潔感が重要**です。**リネンやタオルなどの小物類は白やアイボリー系で統一**されていると、写真映えがよくなります。**シャンプー類は日本製**のものを置いておくと喜ばれます。

また、トイレットペーパー・ティッシュ・石鹸などの消耗品や、タオルなどの定期的に交換が必要なものは、押し入れにストックしておく必要があります。

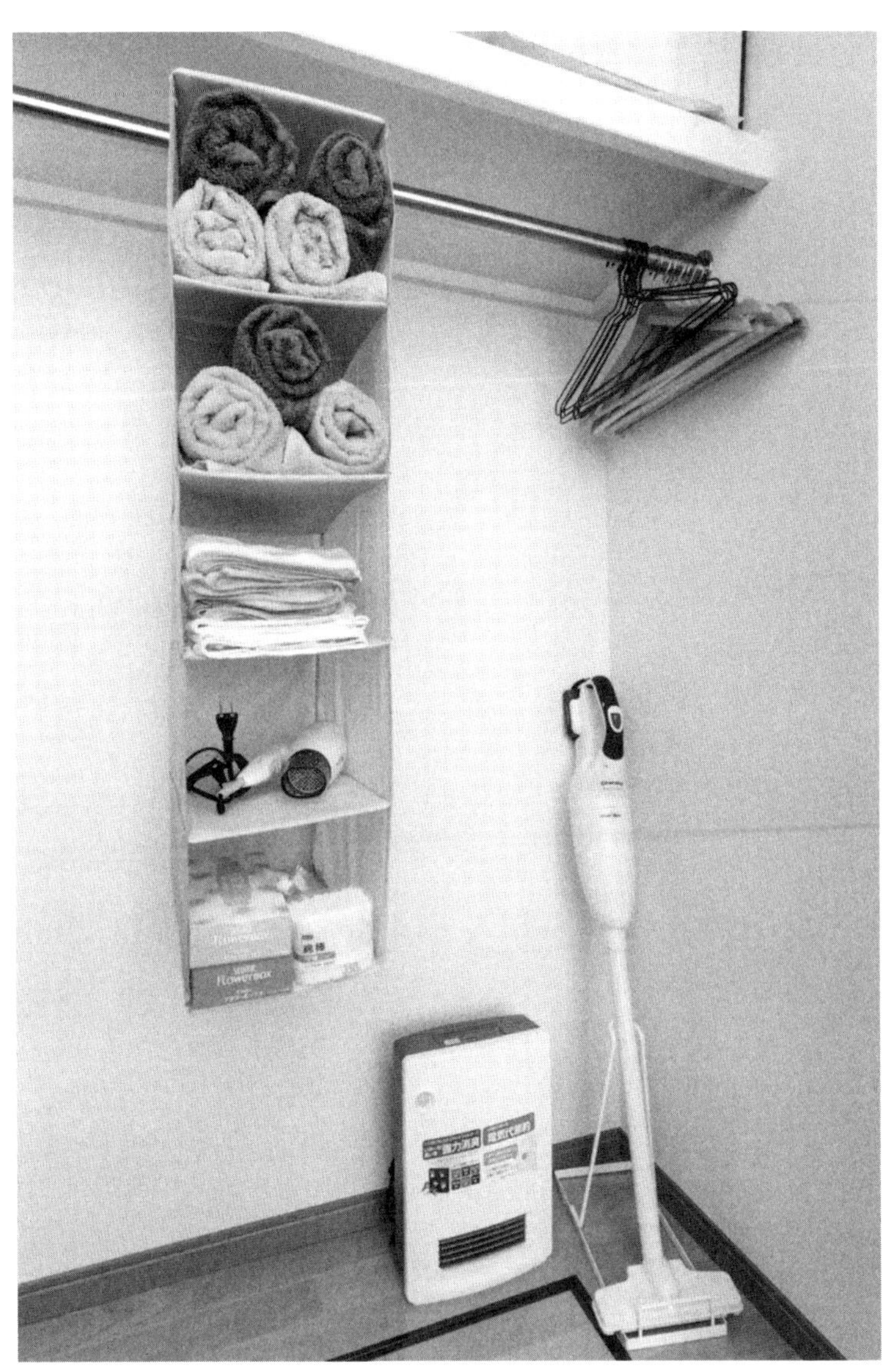

クローゼットの中のストック例。タオルやティッシュ類、掃除道具、ドライヤーなどの不可欠な家電、ハンガーなども必須です

こうした備品も、それなりのものを買いそろえると、４万～５万円はかかることもあります。

でも、その気になれば、量販店や１００円ショップでも購入できますし、ニトリや無印良品などでも安くてセンスのいい雑貨類がたくさん売っているので、大いに利用しましょう。

お部屋作りの裏技と要注意ポイント

なるべく自分でやることが、「ちいさくはじめる民泊」の基本ですが、自分の考えだけで突っ走ると、なかなかうまくいかないことも。そうならないために、差がつく重要な箇所では、奥の手を使ったほうがいい場合もあります。

では、お部屋作りでプロの手を借りるならどんなことをお願いするといいのか、逆に初心者がやってしまいがちな失敗とはどんなものなのか、お伝えしたいと思います。

プロを入れてワンランク上を狙う

売れるお部屋作りのためにはリサーチも必要です。

まず、Airbnb のサイトを開いて、自分が民泊をやろうとするエリアではどんな物件があるのかを調べてみましょう。

特に注目すべきは、**「スーパーホスト」と呼ばれる、ゲストからの評価が高い運営者。**そういった人気の民泊物件を見てみると、ゲストにどんなお部屋が好まれるのか、なんとなくわかってきます。

基本的に、どのスーパーホストもサイトにアップしているのは、**センスがよく、明るくて広そうなお部屋の写真**です。

ゲストは最初にこの写真を見て泊まるところを選びます。ですから、何よりも**写真映えのいいお部屋を作ること**が求められます。

私が現在運営している部屋の多くが、間取りも標準的なものが多く、なかには築年数の古いものも含まれます。取り立ててオシャレというわけではありません。

インテリアも**基本的にはシンプル**なものが多く、**ナチュラルテイスト**のアイテムで構成されています。

ただ、写真に撮った際に、明るく広く見えるようなお部屋作りは心がけています。

そうした清潔感のあるシンプルなお部屋は、ゲストからの評価もよく、年間の稼働率も高いので十分に稼ぐことができるのです。

とはいえ、明るく広く見える、というお部屋コンセプトが決まっても、実際にそれに合わせた家具や小物を考え、配置していくのは素人にはなかなか難しいものです。

ですから、もしも予算に余裕があるなら、**ぜひプロに依頼してみましょう。**

現在、私が運営している物件も、ほとんどはインテリアコーディネーターさんにお願いしています。

最初の物件は、自分でインテリアを考え、自分で買い物に行ってセッティングまでしていました。

それはそれで楽しかったのですが、やはりプロが作る空間には勝てません。

プロの手が入ると、圧倒的に見映えがよくなります。

インテリアコーディネーターさんは、予算を伝えれば、その範囲内でインテリア全体を考えてくれたり、家具や家電、小物類を選んでくれたりします。

古い物件でフローリングや壁が傷んでいても、フローリング用のシートや壁紙を張り替えることで、部屋全体が驚くほどイメージチェンジできます。

また、壁紙を全面張り替えなくても、**アクセントクロスと呼ばれる、オシャレな色や柄の壁紙**が1m当たり数百円から販売していたりします。

こうしたものを必要な部分にワンポイントで張るだけでも、部屋の雰囲気がぐんと変わります。

私の場合、コーディネートプランをプロに作ってもらい、「これはここで買ってね」と送られてきた販売サイトのURLを見て、指示された家具や小物等のアイテムを自分で購入しています。

「壁にクロスを張るより飾り棚を付けて小物を置いたほうが安いし、部屋の見映えがよくなりますよ」なんて、こちらの想像になかったアドバイスをいただいたこともあります。

買いそろえた家具・家電類を見てもらって、それらに合ったラグやクッションなどの小物類を見繕(みつくろ)ってもらったこともありました。

ちなみに、私がお願いしているインテリアコーディネーターさんの場合、**1部屋当たり8万～10万円ほど。**

副業の初期費用としてはちょっと値が張るかもしれませんが、プロの手が入ったお部屋は見違えるようになりますので、予算に合わせてワンポイントでもプロの手を借りることをオススメします。

ゲストが予約サイトで民泊物件を選ぶ際、立地や建物全体のスペックはもちろん重要ですが、**やはり室内の第一印象が大事です。**

だから、長期的な売上のことを考えても、試してみる価値は大いにあります。

知り合いにインテリアの専門家がいればお願いしてもいいし、建築関係や不動産業界などの人に紹介してもらってもいいでしょう。

また、地元情報のサイトや、**フリーランスの方を探すお仕事マッチングアプリの「ココナラ」などで探す**こともできます。格安の料金で相談に乗ってくれることもあるので、検索してみるのもいいでしょう。

ただし、サイト経由で依頼した場合は、時間や予算の関係もありますから、実際に現場を見てもらえないことも出てきます。

その場合、各部屋の寸法が入った図面のデータを用意したり、壁や床の色などがわかるように動画を撮影して送ったりなど、ちょっとした準備は必要になると思います。

失敗しやすいジャパニーズスタイル

ここまではゲストに好まれる、成功しやすい民泊ルームの作り方を説明してきました。

では、逆に**失敗しがちな部屋はどんなものかというと、それは「ジャパニーズスタイル」**です。

実際、「外国人が好みそうな日本」のテーマでお部屋作りをしている民泊オーナーさんを時折見かけます。

畳の和室に布団敷き、リビングに低いちゃぶ台、もしくはこたつをしつらえる、といった感じです。

こういった日本的な文化を体験してもらうためのインテリアは、外国人旅行者の興味を一瞬引けるかもしれません。

でも、1～2週間したら、なんとなく落ち着かない、ちょっと暮らしづらいなと感じるようになることが多いもの。

畳に布団を敷いても、慣れない外国人ゲストにとっては背中が痛くなって睡眠不足になることもあるでしょうし、そもそも欧米人の男性だと布団のサイズが合わないこともあります。

床に座る習慣のない国の人にとっては、ちゃぶ台での食事もひと苦労です。

さらに、室内でも靴を脱がない外国人からすると、同じ場所に何人もの人が足を突っ込むこたつは不潔に感じると聞いたこともあります。

基本的に「暮らすように泊まる」ということは、**ある程度自分たちの生活習慣を保てる状態にあること**だと考えてください。

ですから、現代においてもっとも世界的に普及していて、多くの国の人が慣れ親しんでいる、シンプルな欧米風の部屋を基本に考えるほうが予約は入りやすいと思います。

ただ、どうしても「ジャパニーズスタイル」に挑戦してみたいというなら、**これでもかというぐらいの「超和風」にする**のがいいかもしれません。かけ軸をかけて花瓶を置き、壁一面に縁起物の「一富士二鷹三茄子」の絵や浮世絵を張ってみたり、盆栽を飾ってみたり。

これぞ「ジャパニーズスタイル！」というくらいに突き抜けてみれば、他の部屋と差別化ができ、興味を持ってくれる外国の方も出てくるでしょう。

実は、私も和風の造りの物件で、1軒だけ「超和風」のインテリアにしています。欧米風にするために費用がかかるなら、もとの部屋のテイストを生かす考え方もアリです。

やりくり次第で初期費用を100万円に抑える

最後にお部屋作りに関する予算について触れておきましょう。

予算に余裕があれば、インテリアや家具、家電にこだわってもいいでしょう。

でも、予算の少ない1軒目なら、リサイクルやジモティーなどの情報サイト、量販店や100円均一などを駆使して必要なものをそろえていくことをオススメします。

それで**上手にやりくりできれば20万〜30万円ほどで収まる**はずです。

お部屋の賃貸契約にかかる費用と合わせれば、おおよそ100万円程度ではじめることができるでしょう。

ひとまずこれくらいにしておいて、民泊をやりながら、徐々に家具やインテリアのバージョンアップを進めていけばOKです。

物件探しと同じで、最初から100点のお部屋を目指さなくても大丈夫。

ある程度、納得できるレベルに仕上がったら、あとは運営しながら少しずつ、自分の中での100点のお部屋に近づいていけばいいのです。

鳩子流 民泊ルームの作り方

重要ポイントの復習!

☑ リビングとキッチンの充実を伝えよう!

長期滞在のゲストを呼び込むキーワードは「暮らすように泊まれるお部屋」。特に海外ファミリー層の予約獲得には、リビングとキッチンの充実が不可欠です。スペースに余裕があれば、家族で食卓を囲みながら楽しめるよう脚の長いダイニングテーブルを設置するのが◎。

☑ 家電はシンプルが一番!

民泊に置く家具や家電は、そのうち必ず壊れるもの。また、高機能で操作が複雑な家電は、慣れない外国人ゲストには不評なことも。民泊用にそろえるなら、使い方のわかりやすいシンプルな機能のものを選びましょう。

☑ ベッドの数を詰め込みすぎない！

狭い部屋に無理やりシングルベッドや２段ベッドを押し込むようなレイアウトは禁物です！　ファミリー層を狙うなら、基本はセミダブル以上のベッドを２台入れてゆったり眠れる環境を。ソファーベッドやマットレスもあれば、６人程度の宿泊まで柔軟に対応が可能になります。

☑ インテリア選びはプロの力を借りるのも手！

インテリアや室内のレイアウトは、予約数の増減に大きく影響します。インテリア選びは自分で楽しみながらやってみるのもいいですが、予算に余裕があればプロの手を借りることも大切です。

第4章

売れるサイトを作って
ゲストを迎えよう

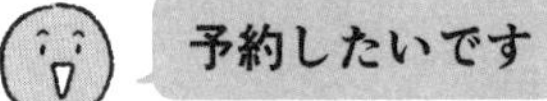
予約したいです
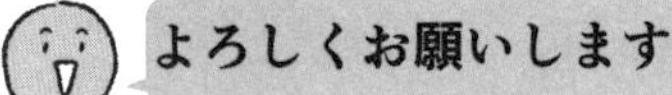
よろしくお願いします

また利用
したいです

Airbnbに登録してみよう

お部屋作りができたら、いよいよ民泊の予約サイトに登録しましょう！

現在、日本で利用できる民泊を対象にした予約サイトは、Airbnb や Booking.com をはじめ、たくさんありますが、私が使っているのはこれまでもお伝えのとおり Airbnb のみ。

なぜかといえば、**Airbnb は民泊に関して世界最大級のサイトだから**です。それだけ閲覧者も利用者も多く、世界中からゲストを集客してきてくれます。

また、**手数料の安さも魅力**です。**他のサイトが10％以上の中、Airbnb は3％と格安。**

複数のサイトを使う手もありますが、１つのサイトで入った予約を別サイトにも反映させるシステム（サイトコントローラー）が必要になるのであまりメリットがなく、複数サイトを使うと Airbnb の手数料も15％になるので、Airbnb 一択で十分というのもあります。

さらに、Booking.com等の大手他社の多くが、民泊と並行してホテルや旅館の情報も掲載しているのに対し、Airbnbは日本でいう民泊や、それに類するB＆Bという宿泊施設を主に扱っています。**Airbnbが民泊に特化した予約サイト**なのもポイントが高いです。

そして何より、ゲストとの間でトラブルが起こったり、運営に関して疑問が出たりした場合も、問い合わせをすれば**日本法人が早急に対応してくれる**ので、民泊オーナーとしては安心できることが最大の魅力といえるでしょう。

登録に際しては、基本的にサイトの指示どおりに進めれば問題はありません。登録代行業者もいますが、それほど難しくありませんから、まずは自分でやってみるといいでしょう。

まずは基本情報から登録

まずはサイトを開き、登録ページに入ります。

これまでにゲストとして利用したことがあれば、すでに登録されているので、そのままログインしてください。

はじめて登録する人は、**メールアドレス・電話番号・Facebookアカウント・Googleアカウント・AppleのID**のいずれかで、すぐに登録ができます。

続いて**氏名・パスワード・誕生日・電話番号**を入力し、顔写真を登録します。

名前の登録は漢字やひらがな・カタカナでも入力できますが、外国人ゲストをターゲットにするならローマ字表記がいいでしょう。

Airbnbへの登録が完了すると、トップページの右上に**「ホストモードに」というタブ**が出てきます。ここをクリックするとホストページのトップに飛び、右上のサムネイル画像をクリックすると「プロフィール」「アカウント」「ヘルプセンターにアクセス」等の項目が現れます。

海外ゲストはこのプロフィール欄を見る人が多いので、プロフィール文からホストの人柄がゲストに伝わったりもします。**簡単な英文で構わないので、あいさつや自己紹介、ゲストへのメッセージを入れておく**といいでしょう。

物件の登録をしてみよう

そしていよいよ物件登録です。

Airbnb のサイトの指示に従って、次のような情報を入力していきます。

①宿泊施設の種類（一軒家・マンション等の選択肢から選ぶ）
②ゲストの利用範囲（まるまる貸切・個室・シェアルームから選ぶ）
③宿泊施設の所在地（住所を入力）
④宿泊可能なゲスト数・寝室数・ベッド数・バスルーム数
⑤提供するアメニティ・設備（洗濯機・キッチン・エアコン等を選択）
⑥部屋の写真を5枚以上アップロード
⑦物件の説明とタイトル

①~⑤は指示どおりに入力すればいいので、基本的に問題はないはず。

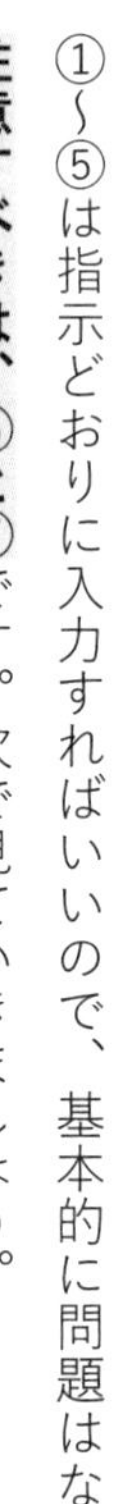

注意すべきは、⑥と⑦です。次で見ていきましょう。

お部屋の写真次第で予約率は変わる

お部屋探しにはじまり、届出関係、賃貸契約、そして家具や家電をそろえたり、インテリアのコーディネートを考えたりと、ここまでいろいろな苦労を乗り越えてきました。

その苦労が報われるかどうかは、ひとえにこの⑥のお部屋の写真にかかっています。

海外からの旅行者の目に留まり、泊まってみたいと思われる写真なら予約率はアップしますし、そうでなかったら結果は期待はずれに終わってしまうでしょう。

言ってしまえば、**写真のセンスで予約率は変わります。**

だから、お金をかけてでも、**プロのカメラマンさんにお願いするのがいいと思います。**

私もこの写真撮影は、物件を立ち上げる過程でかなり力を入れます。

一口にプロのカメラマンさんといっても、人物が得意な人、結婚式などイベントが得意な人など専門があるので、物件専門のカメラマンさんにお願いするのがいいでしょう。

Airbnbでもカメラマンさんの派遣サービスがあるので、そこでお願いするのも手です。撮影を依頼することになったら、とにかく**「明るく少しでも広く見えるように撮ってください！」**とお願いしてみましょう。

また、部屋の全体写真だけでなく、**設備やアメニティなども忘れずに撮ってもらいます。**予約サイトにそういった写真がないと、「どんなアメニティがありますか？」といった質問メッセージが頻繁(ひんぱん)に入るからです。

もちろん、説明文はAirbnbの物件ページに載せますし、Airbnbなら日本語の文章をゲスト側の言語に翻訳してくれる機能もあるのですが、結局、一目でわかる写真のほうが、圧倒的に情報が伝わりやすいのです。

ちなみに、設備やアメニティ以外にも、朝食セットやティータイム風のイメージカットも撮ると、「暮らすように泊まれる」雰囲気が伝わるのでいいですね。

サイトには10枚以上アップするようにしましょう！

そしてもう1つ、私が写真に関して実践している大事なことをお伝えしておきます。

それは、昼間の写真ばかりでなく、**夜のイメージも撮影すること**です。

他のオーナーさんの民泊予約サイトを見ていると、昼間の写真を前面に押し出している物件が多いことに気づきます。

でも実際は、**ゲストのほとんどが日中は外出して部屋にいないことが多い**もの。だから、夜にお部屋に帰ってどれぐらい落ち着けるかがわかる写真も載せるのがいいと思います。

お部屋からの夜景がよければ、それを入れてみてもいいでしょう。

写真については、**Airbnb のサイト上の編集機能でトーンを調整することも可能**です。

私も最初の頃は、自分で撮影して、部屋が明るく見えるように後から全体のトーンを修正したりもしていました。

では、私が Airbnb の物件紹介のページに、どんな写真を載せているか、一例をお見せしましょう。

設備やアメニティの写真は、なるべくたくさん載せましょう。ゲストも備え付けのものがわかると安心できますし、暮らすように泊まれるイメージがよりふくらみます

物件の説明とタイトルを決める

物件登録の最後にやるべきことは、⑦の物件の説明とタイトルをつけることです。

特に**タイトルは、写真と同じように予約率を左右する大きな要素**です。

「寝室〇部屋／東京、銀座まで〇分圏内／アクセス抜群／高速Wi-Fi」
「東京★〇〇駅から徒歩〇分★ゆったり貸し切り　16畳★MAX6人★長期歓迎」

といったように、**何人泊まれて、メジャーな観光スポットやターミナル駅まで何分なのか、Wi-Fiが完備されているのか等、その物件の特徴や売りのポイントを強調**します。

タイトルに悩んだら、Airbnbの物件地図から周辺の物件を探して参考にするのもいいでしょう。

人気の高いスーパーホストは、どんなポイントをどうアピールしているかなど、いろいろと勉強になります。

お部屋について

ようこそ○○へ！

○○駅西口から徒歩○分です。
最大６人まで泊まれるお部屋です。
○○まで徒歩○分とアクセス抜群です。

周辺は朝から夜までおいしいお店がたくさんあります。
徒歩圏内にコンビニ、レストラン、居酒屋などがあります。
○○という立地にありながらも閑静な場所です。
滞在中は、無料高速 Wi-Fi をお使いいただけます。

・ダブルベッド２台
・シングルベッド１台
・ソファーベッド１台で最大６まで宿泊できます。

洗濯機・ヘアドライヤー・電気ケトル・調理器具・食器など、
必要なものはすべてそろっております。
出張、短期・長期、さまざまな用途でご使用ください。
長期の方大歓迎です！
お値段交渉お気軽にどうぞ^^
ご予約お待ちしております！

お部屋
・高速 Wi-Fi
・エアコン
・洗濯機
・冷蔵庫
・掃除機
・ヘアドライヤー
・電子レンジ
・電気ケトル
・鍋
・フライパン
・菜箸、フォーク、スプーン、ナイフ、箸、コップ
・ユニットバス
・ダブルベッド x 2 + シングルベッド x 1 + ソファーベッド x 1
・ボディソープ
・シャンプー
・ヘアコンディショナー
・綿棒
・バスタオル
・フェイスタオル

ゲストの立ち入り範囲
16 畳の広々したお部屋がまるごと貸し切りになります。
チェックインは午後４時から
チェックアウトは午前 10 時です。

その他の特記事項
シーツは各１枚となりますので、お好きなタイミングでお洗濯ください。
バスタオル・フェイスタオルは各１枚となります。
押し入れ収納の中にあるシーツ等は備品のため、使用はご遠慮ください。

私が Airbnb に出している物件の説明文の一例

また、物件の説明については、２１４ページの見本にあるように**箇条書きでポイントをアピール**してみるのもいいでしょう。写真だけでは伝わりきらない細かな備品の情報なども、わかりやすく箇条書きで書いておきます。

その他にも、物件の説明だけでなく、**近所のお店や街の雰囲気を説明するのがいい**と思います。

先程もお伝えしたように、Airbnb の物件ページに掲載される説明文は、Airbnb の機能でゲストの言語に自動翻訳されますが、**あらかじめ翻訳アプリを使い、海外の人向けのアピールポイントを、別に英文で作成して掲載しておく**のもいいと思います。

チェックイン前によく聞かれる情報を事前に入力

物件の登録が終わったら、**「ゲスト向け情報」も作成**します。

リスティングという物件情報の入力ページにいくと、次のページのような画面が出てきますので、「ゲスト向け情報」を見てください。

リスティング　予約設定　補助ホスト

ゲスト向け情報

こちらの情報は予約が確定したゲストがチェックイン前に閲覧できます。

Wi-Fi ＞

チェックイン（入室）方法 ＞
キーボックス

チェックイン手順 ＞

ゲストとの交流に関する設定 ＞
直接会ってあいさつすることを希望しますが、それ以外はプライバシーを尊重します。

ハウスマニュアル ＞

道順 ＞

Airbnb のスマホアプリにおいて物件のリスティング情報を入力する画面。ここから「ゲスト向け情報」を入力しましょう私の経験から言って、**ゲストからクレームが入るのは、チェックインのときがほとんど。**体感的には99％がこの時点で起こると思えるくらいです。

通常、ゲストは部屋に到着するとネットでチェックインし、すぐに部屋の設備などを確認します。

もしもそこで問題があれば、すぐにメールや携帯電話でホストのところに問い合わせが行くようになっています。

このチェックイン時に寄せられるクレームのベスト3は、次のようなものです。

- 部屋までたどり着けない、道に迷った、入口が見つからない、鍵が開かない
- お湯が出ない、風呂の使い方がわからない
- Wi-Fi が通じない

その他にも、**「給湯器や洗濯機、エアコン等の電化製品の使い方がわからない」**という

のも頻繁に聞かれる内容です。

こうしたクレームを回避するのが、この「ゲスト向け情報」です。

入力は日本語ででき、ゲストの設定した言語に自動で翻訳されます。

事前にこのページを入力しておくと、**宿泊の2日前に、Airbnbのシステムが自動でゲストに送信**してくれます。

一度受信すればオフラインで閲覧が可能なので、Wi-Fiのない場所でも見られます。

宿泊料金はどう設定する？

初期登録の最後にやらないといけないのが、予約の設定と料金設定です。

ここでは以下のポイントを選択していきます。

- いつから民泊の予約を開始するか

- どれくらいの頻度でゲストを迎えたいか
- 宿泊条件に「最小で何日から」、または「最大で何日まで」を加えるか
- 宿泊料金をいくらにするか
- 清掃料金を宿泊料に上乗せするか
- 料金は固定型にするか、変動型にするか

宿泊料金をいくらにするかは一番重要な問題です。価格を決めるとき、ついつい「この値段をつけて本当にゲストがきてくれるの？」と不安になることもあります。

もしもここでいくらに設定すべきか迷ったら、**周辺エリアのスーパーホストが運営する物件の価格を参考にしながら、決めていくのがベスト**です。

うまくいっている人を参考にしながら、自己流にアレンジしていくのが、民泊運営で成功するコツだからです。

素人が運営している民泊だから、ホテルみたいな料金はもらえないんじゃないか、と考

える人もいるかもしれませんね。日本人の感覚だと、最初は不安だから安い価格をつけておくほうがいいと思いがちです。

でも実は、**海外の宿泊料金と比較すると、日本のホテルも民泊も、まだまだ安すぎる**のが現実です！

日本の宿泊料金は安すぎる！

最近、私の運営している物件では、8人まで宿泊可能な1泊約6万円の部屋に、2週間以上の連泊予約が入りました。

トータルすると100万円にもなる大型案件です。

私自身もこれには驚いたのですが、海外の人にとって、これくらいは驚くことではないようです。

現在、**海外と日本の物価の格差**が大きな問題になっています。

それは、民泊はもちろん、ホテルや旅館の宿泊料金にも同じことが言えます。

国内有数の高級ホテルであっても、海外から見るとリーズナブルな値段に映ってしまいます。

逆に、日本から海外に行くと、ホテル代はかなり跳ね上がったように感じます。

ですから、日本人からすると、まさかそんな高い宿泊料金で泊まる人がいるわけない、という物件に、どんどん予約が入っているのが現状です。

格安すぎる料金設定にすると、かえって外国人旅行者から、「安いのには何かワケがあるんじゃないか？」と勘繰られてしまい、敬遠される可能性すらあります。

民泊の運営をしようとするなら、ここはいったん日本の常識をはずして、グローバルな視点で料金プランを立ててみてはいかがでしょうか。

ちゃんと**ポイントを押さえて、写真や説明などを作り込んでいけば、高いものほど信頼されて予約が埋まっていく**ものだと考えてください。

早期予約は高めにして、直前はディスカウント

国内のホテル料金やパッケージ旅行の代金を見てもわかるように、**季節や曜日などで価格は変わるのが一般的**です。

週末や旅行のハイシーズンである夏休み、クリスマスから新年にかけてなどは高めに設定します。

ゴールデンウィークなどの日本の旅行シーズン以外にも、キリスト教圏のイースター休暇、中国語圏の春節なども価格を押し上げる要因となるでしょう。

また、**料金の変動制というのは、いわゆる「直前割り」のようなシステム**で、何カ月も先の日程を予約した場合は比較的高い宿泊料金になりますが、期日が近づくにしたがって段階的に下がっていくというものです。

Airbnb の場合、**変動制に設定しておけば、一定期間が過ぎると自動的に宿泊料金がディスカウント**されていきます。

私の経験では、早めの時期に高い宿泊料金でも予約を入れてくれるのは、欧米やオーストラリアなど、日本から遠方のゲストがほとんどです。

逆に、宿泊時期が近づいて料金が下がると、アジア圏からの予約が多くなっていきます。

これはお金持ちかどうかとは関係がないようです。

実際、アジア圏でも裕福なゲストはたくさんいますから。

では、何が違うかといえば、日本までの距離だと思います。

飛行機で10時間ぐらいかかるようなエリアからくるゲストは、早めに予定を立て、その分宿泊料金も多めに見積もっています。

一方、数時間で日本にこられるような地域だと、直前になってスケジュールを決めることも多く、その分、宿泊料金も安くなる傾向があるようです。

ハウスマニュアルを作ろう

Airbnb のサイトへの登録が完了すれば、あとは予約を待つことになります。

私が最初に登録したときは、開始した日のうちに数件の予約が入り、その中の1人は翌日チェックインという慌ただしい状況でした。

部屋や備品の用意はしてあったものの、その他の細かい準備までは気が回らず、あたふたとするばかり。

当時は家主居住型だったので、どうにか無事にゲストを迎えることができたのを覚えています。

でも、これから民泊をはじめる人は、そんなことにならないように、Airbnb の登録と並行して、ゲストのためのハウスマニュアルも用意しておくといいでしょう。

それでは、どんなものを作っていけばいいのか、お伝えします。

どんな内容で作ればいい？

ハウスマニュアルについては、私はパワーポイントで作成してＰＤＦで保存し、**予約が入ったらAirbnb のチャットでゲストに送信**しています。

また、**紙にプリントアウトしたものも、部屋に置く**ようにしています。


ちなみに、こういったガイド作りについても、英語が不得意な人も翻訳アプリを使えば、文面はすぐ作成できるので、問題はありません。

内容的には、次のような情報を入れています。

● 表紙（ウェルカムメッセージ付き）

- 住所・民泊までの地図
- 入室時の注意
- 主要駅や空港からの所要時間
- 民泊の周辺情報
- Wi-FiのIDとPASS
- この民泊でのルール（ゴミ出し・騒音・備品の紛失や破損について）
- 家電の操作方法
- 緊急連絡先の電話番号
- オススメの周辺観光スポット＆祝祭日の一覧

では、実際に私がどんなものを使っているのかを見ていきながら、要点をかいつまんで説明していきたいと思います。

ページのイメージと合わせて、下のキャプションを読んでいってください。

House Address

（※仮にこの本の出版社へのルートで作成）

in English	in Japanese
#9F SF-3 Bldg 3-3 Kandajimbocho, Chiyoda-ku, Tokyo 101-0051 JAPAN	101-0051 東京都千代田神田神保町 3-3 SF-3 ビル　9 階

【Google Map】

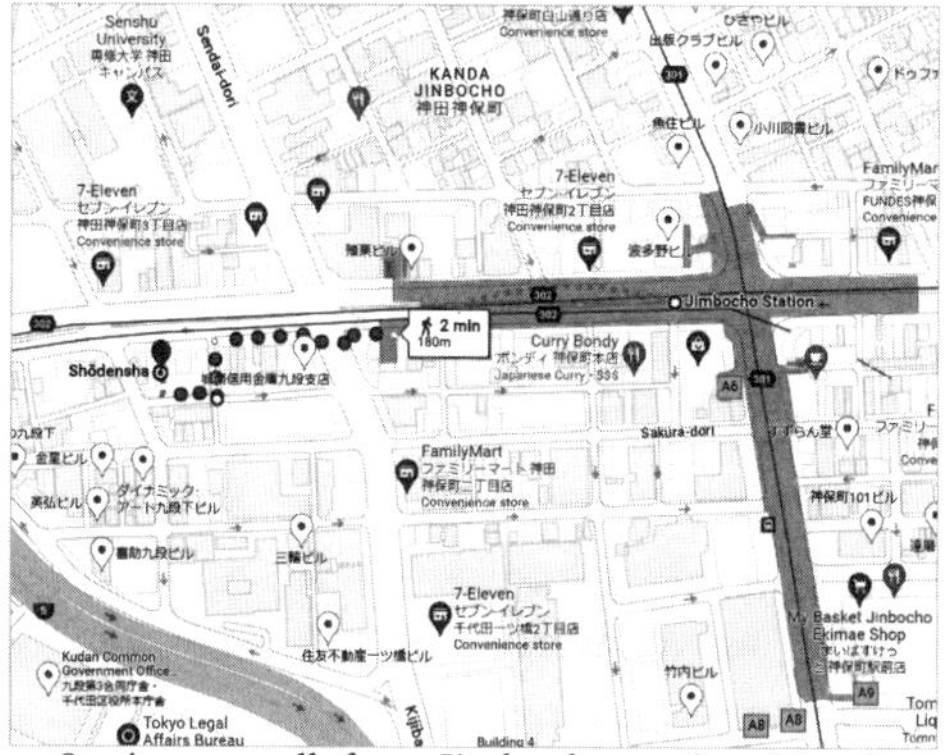

2 minutes walk from Jimbocho station A1 exit

民泊の住所だけでなく、Google マップで最寄り駅からの徒歩ルートを検索し、スクショしてパワポに貼り付けます。マップの URL で QR コードを作成し、一緒に載せておくとさらに親切です

How to enter

house exterior

the key is in the post marked with a circle

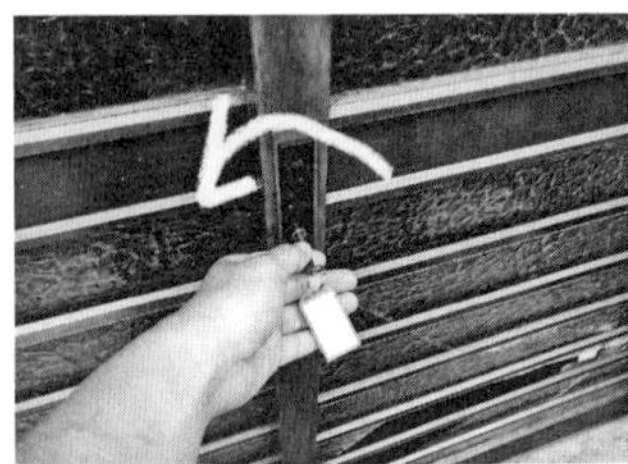

turn the key to the left

チェックイン時に、ゲストからよく「入室方法がわからない」と問い合わせがくるので、民泊の外観・入口や鍵のありか・開け方などを写真で説明します

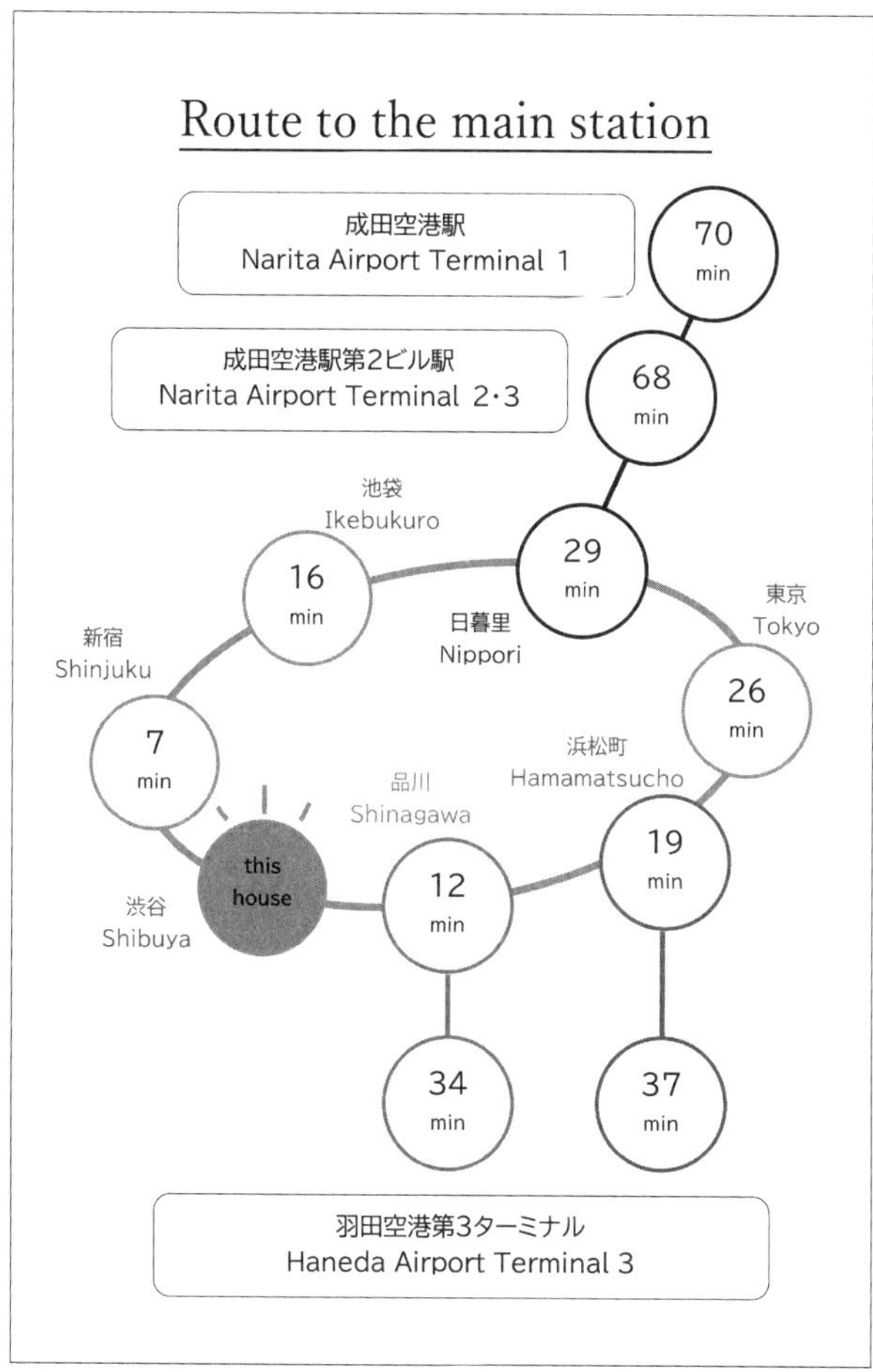

交通関係もゲストから聞かれるので、特に主要駅や空港までの所要時間を載せてあげると親切。図案化してわかりやすくまとめましょう

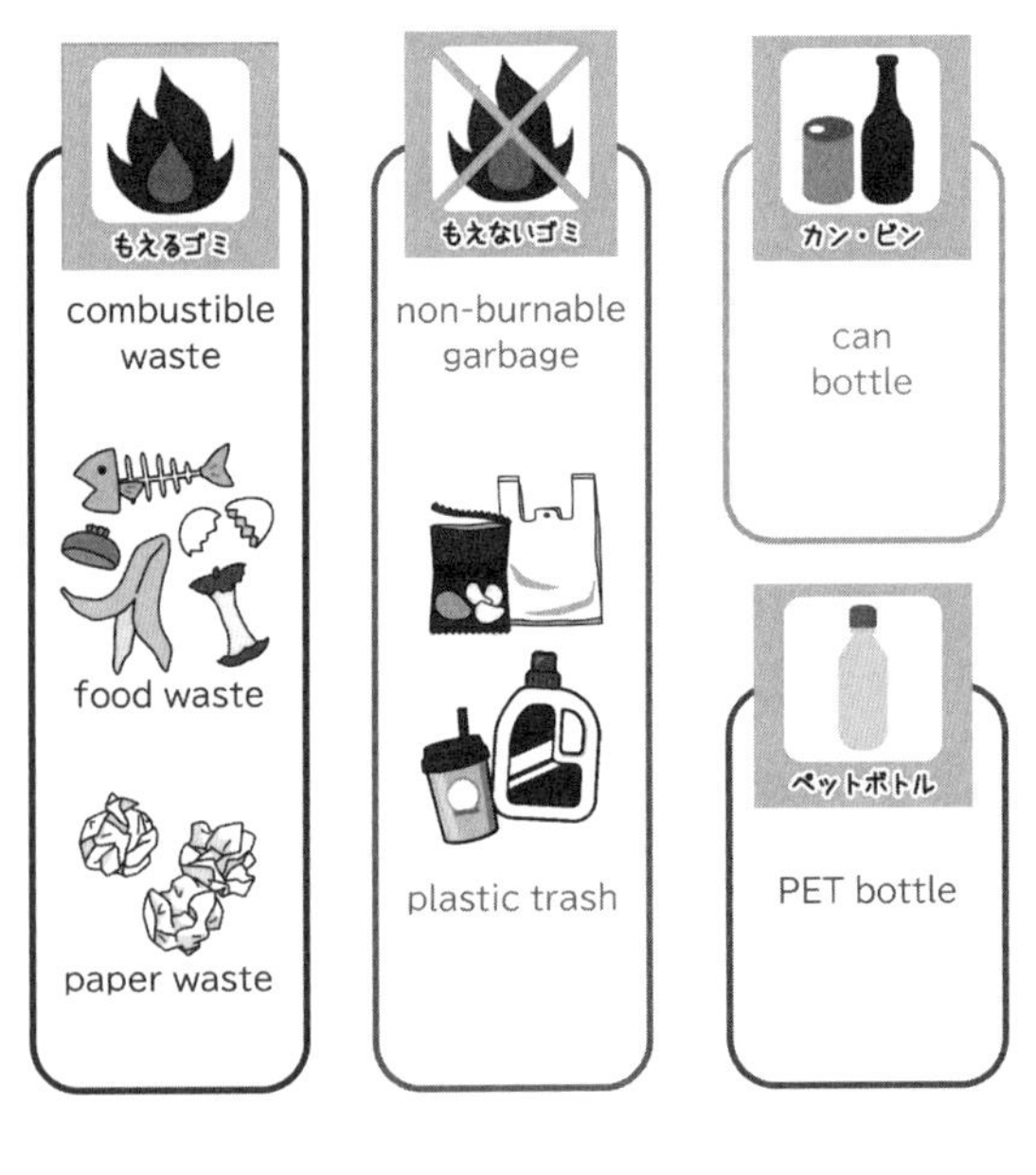

外国人ゲストに伝わりにくいのが、ゴミの分別。フリー素材のイラストなどを使ってビジュアル的にわかりやすく分別のお願いをしましょう

How to use equipment

Shower

Press the【運転 入／切】button when you want to take a hot shower.

air conditioner

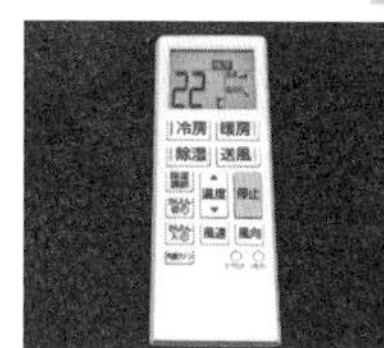

【冷房】:start cooling
【暖房】:start heating
【温度】:temperature
【除湿】:start dehumidification
【風向】:change wind direction
【停止】:stop

washing machine

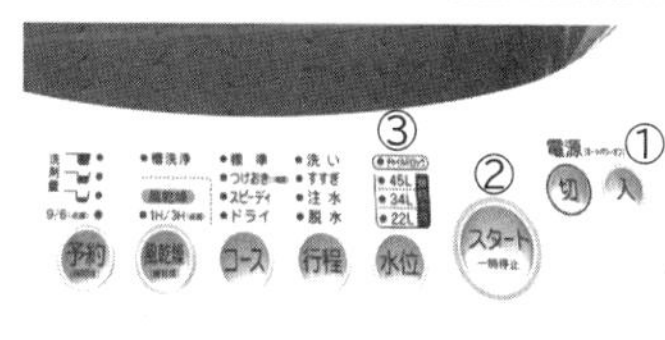

Put the laundry in and press the【①入】button, then press the【②スタート】button.
Then, the water level will be displayed in ③, so add an appropriate amount of detergent and close the lid.

家電の使い方もよく質問がきます。どのスイッチを押せばいいかなど、写真付きで説明を。リモコン等にラベルシールで英語を貼るのもアリです

その他の重要事項

ハウスマニュアルの主だったページについてはお伝えしましたが、もう少し盛り込んでおきたい情報があります。

まずは、Wi-Fiについて。3章で触れたように、最近のゲストは複数のデバイスを持ち歩いています。

そのため、すぐに使えるように、**IDとPASSの表示は不可欠**です。

また、地震や火災など、何か**非常事態があった場合の連絡先**を記載することは、民泊事業者の義務でもあるので、次のような緊急時に必要な項目も載せておきます。

● 警察署

- 消防署&救急車
- 一部の自治体が開設している「外国人患者向け医療情報サービス」
- 日本24時間ヘルプライン（英語で緊急連絡や相談に応じるボランティア組織、24時間対応）

さらには、この民泊を使ってもらううえでの**「ハウスルール」のページ**も必要です。

外国人ゲストは、日本の生活ルールやマナーに不慣れなので「夜8時以降は静かに！」とか「禁煙」「節電」「水の出しっぱなし防止」などについて、丁寧に説明しておきます。

鍵やポケットWi-Fiを紛失した場合の罰金なども忘れずに記載しておくと、大切に使ってもらえやすいでしょう。

その他には、**近所の飲食店・スーパーなどの周辺情報や近場の観光スポットなどの情報**もあるといいでしょう。物件までの経路図と同様に、Googleマップのスクショを活用するといいと思います。

加えて、**日本の祝祭日などの情報も、長期滞在のゲストには有益な情報**です。

インバウンドブーム以来、街中で外国人旅行者を見かける機会が多くなりました。

でも、住宅街にそうした旅行者がやってくることはそれほど多くないでしょう。

近所で外国人向けの民泊をやると聞いて不安に思っている人も、まだまだいるかもしれません。

だから、ゴミ出しや深夜の騒音などでトラブルが起きるのは絶対避けたいところ。

そうならないためにも、まずはゲストのみなさんにしっかり協力してもらえるよう、ハウスマニュアルで伝えておきたいものです。

ちょっとした心配りやひと手間で、そうしたご近所トラブルも避けられるのではないでしょうか。

とはいえ、実際に民泊を運営してから、はじめて気づくこともたくさんあります。

これについても、最初から100点でなくても構いません。

気づいたところでアップデートしながら、100点を目指していきましょう。

トラブル対応はどうする？

海外を旅行していると、よく「**トラベルはトラブル**」という言葉を耳にします。

重大な犯罪に遭遇することはそれほど頻繁ではないにしても、自分が旅行者の立場にいるときには、小さなトラブルは日常茶飯事。

そして、逆に民泊を運営するホストの立場になったときも、ゲストとの間でトラブルになることはありますし、場合によってはご近所の方とゲストがもめてしまうこともないとは言えません。

民泊を運営するなら、**トラブルは必ず起こるものと覚悟**しておくのがいいでしょう。

実際には、**トラブルの原因も解決策もケース・バイ・ケース**になることがよくあります。

ただし、どんなことが起こりうるかを知っていれば、いざというときに対応できるかもしれません。
ここではまず、私が経験したトラブルの事例を紹介しておきます。

チェックイン時のクレームは写メやビデオ通話で対応

ひと口にトラブルといっても、大きく分けると次の3つが考えられます。

- ゲストからホストにクレームが入るようなケース
- ゲストが民泊内で問題を起こすケース
- マンションやご近所の周辺住民などとゲストの間でもめごとが発生するケース

まず、ゲストからホストへのクレームについては、先程も触れたように、その**99%がチェックイン時に発生**します。

この手のクレームは、基本的に鍵の開け方や家電の操作方法を教えれば、すぐに解決するもの。そのために**ハウスマニュアルを準備**しているのです。

それでもわからない場合、ゲストからホストにメールや電話、チャットで連絡がきます。すぐに物件の場所まで駆けつけられれば問題は解決しますが、いつでもそれができるとは限りません。

その場合、トラブルのもととなっている家電などの**写真を撮って送ってもらうか、ビデオ通話を利用する方法**もあります。

私も以前、冬に「エアコンが壊れていて寒い」とゲストから連絡があった際、リモコンの写真を送ってもらったらすぐに解決しました。リモコンの表示が日本語しかなく、エアコンを誤って冷房にしていたのが原因だったのです。

こうしたトラブルは、チェックアウト後の掃除の際に、**家電のスイッチがわかりやすくなっているか、鍵はいつもの場所にあるか、ガスはすぐに使える状態か、Wi-Fiの速度や設定などは正しいか**をチェックするだけで、ある程度は予防ができます。

ちなみに、エアコンのトラブルでは、もう1つ、忘れられないことがありました。

東京に観測史上最大級といわれた寒波が到来したその日に到着したゲストから、「エアコンが故障した。スイッチを入れてもまったく暖かくならない」というクレームが入りました。

スイッチを入れると作動中を示すランプはつくのですが、いつまでたっても風が出てこないというのです。エアコンがそんなふうになるなんてはじめての経験でした。

本当だったらすぐにでも駆けつけたほうがよかったのかもしれませんが、そのときは夜も遅くなっていました。メーカーのコールセンターもすでに時間外。

とにかくまず、購入時に控えを取っておいた**エアコンの型番をもとに、ネットで検索して原因を探る**のが先決と考えました。

結局、動かなくなったのは故障ではなく、室外機に霜(しも)がついてしまったために除霜運転の状態に入ってしまったのが原因だとのこと。

幸い、ほどなくして通常の運転モードに戻りましたが、異例の寒さがもたらした状況だということがわかりました。

何でもそうですが、ハウスマニュアルにしても、最初から完璧なものを作ることはできないでしょう。**あとになって気づくこともたくさんある**のですから。

その場合は気づいたところで書き足していけばいい。史上最大級の寒波なんて、めったに襲来することはありませんが、あらかじめ対策がわかっていれば、次回はもう、ゲストが不安になることも少なくなるでしょう。

ゴミの分別ルールは徹底的に説明を

民泊を運営するうえで気になることの1つに、ゲストが出す「ゴミ」があります。

最初に大事なことをお伝えすると、**民泊のゴミは一般家庭から出る「家庭系ゴミ」ではなく、「事業系ゴミ」に分類**される、ということです。

「事業系ゴミ」とは、ゴミを出した人ではなく、民泊を運営している事業者に責任がある、ということになります。そして基本的には、**民泊で出たゴミを自宅のゴミと一緒に地域のゴミ集積所に出すのは法律違反**になります。

ではどうやって処理をすればいいかというと、これも自治体ごとにルールが異なりますが、多くの場合、**「事業系有料ゴミ収集券」のシールを購入してゴミ袋に貼り、自分で自治体の回収に出す**か、**自治体の認可を受けた廃棄物処理業者に依頼する**、等になります。

詳細は、自分が民泊をやる自治体に確認してみてください。

もし掃除を業者さんに頼むなら、ゴミ回収もしてもらえるか確認するといいでしょう。

海外からのゲストが長期滞在してくれるのはありがたいことですが、ゴミ屋敷にされてしまわないか不安になることもあると思います。

ですが、私の経験から言うと、ハウスマニュアルにゴミの分別方法をしっかり書いておけば、その心配はほとんどありません。燃えるゴミ、燃えないゴミの区別はもちろん、「ペットボトルはラベルをはがして分別する」なども写真付きで説明したマニュアルを作っておくといいでしょう。

ゴミを捨てる場所はポリバケツなどを用意しておき、どこに何を捨てるのかをビジュアルでわかるように表示しておきます。**ゴミの捨て方にルールがあることをゲストにきちん**

とわかってもらうことが大切です。

壊れたものはAirbnbに補償してもらえる

続いて、ゲストのやらかしでホストに迷惑がかかるケースです。

新しくオープンした民泊で、最初の家族連れゲストの子どもがベッドを破壊したというエピソードは3章でもお話ししました。

でも、**家具や家電・備品が壊されたというのは、これ1回ではありません。**

物の扱い方にはゲストの国民性も表れますが、やはり日本人の感覚と違う人が多いのかもしれません。

ゲストの不注意や、家族連れだと子どもがふざけていて……などのケースもあります。

特に**消耗が激しいのが食器類。**

何もしていなくても壊れたりするので、ガラス製品はNGです。

量販店でちょっとオシャレなプラスチック製品をまとめ買いしておくといいでしょう。

しかし、なかには、家具や家電どころか、**建物を破壊してしまうような剛の者**もいました。私の経験だけでも、こんな事件が発生しています。

- 酔った勢いで壁を殴りつけ、ぽっかりとこぶし大の穴が開いてしまった
- 和室の砂壁にコーラをかけられてびしょぬれに。乾いてもまだら状のシミが残った
- 家族連れのゲストのチェックアウト後に掃除に入ったら、キッチンが油まみれ。日頃から油を多く使う文化圏の人だったためで、その後の掃除はひと苦労

家具・家電だけでなく、建物も「壊れるものだ」と覚悟しておく必要があります。

壁の穴やシミも、修繕業者から見積もりを取ってAirbnbに申告すれば、ベッド同様に**Airbnb経由でゲストから費用を回収したり、Airbnb側で補償**してもらえたりします。

チェックアウト後すぐの掃除で忘れ物トラブルも予防

部屋や家具の破損、物品の紛失などは、**ゲストがチェックアウト後、なるべく早く掃除に入ることで対処**しやすくなります。

私も今は外注なので、掃除担当者には、備品や部屋の状況をチェックし、何かあれば私に連絡してもらうようにしています。

もちろん、自分で掃除していたときは、自分でチェックしていました。

この段階で問題が見つかれば、すぐにゲストへメールして確認を取ります。

早めに掃除することで、**ゲストの忘れ物などを見つける**こともありました。

ゲストに連絡がつけば、忘れ物を取りに戻ってくることもよくあります。

私が依頼している掃除の方は、通常、午前11時から2時間程度の予定になっています。

掃除時間内にゲストが戻ってこられれば、スタッフが手渡すことも可能です。

掃除時間内に戻ることが難しそうな場合は、ものによってはドアノブにかけておいたり、ポストに入れておいたりして、ゲスト自身で取ってもらうようにしています。

それも難しい場合は、原則として2週間は保管し、その後は廃棄することになります。

このことはハウスマニュアルにも明記しています。

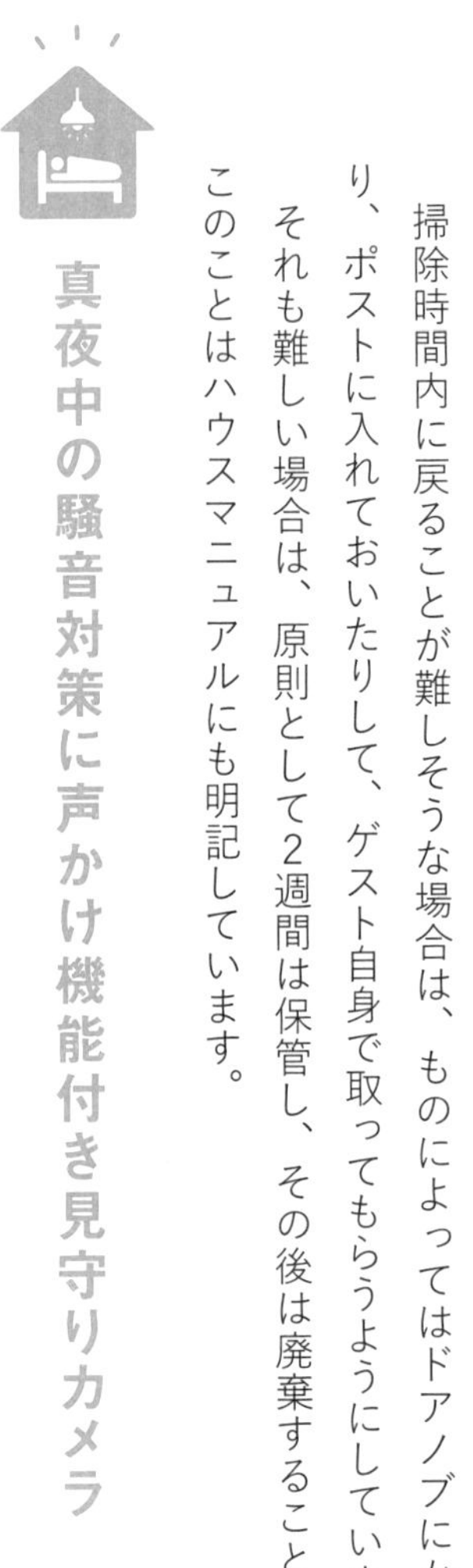

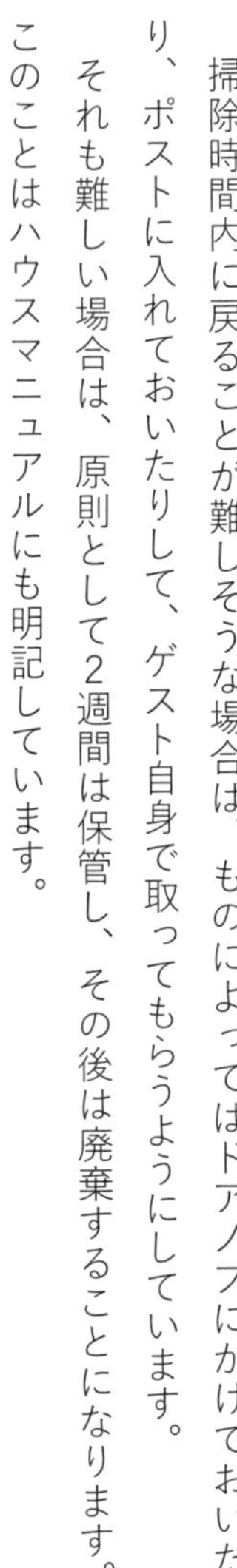

真夜中の騒音対策に声かけ機能付き見守りカメラ

近隣住民とのトラブルということでは、**夜間の騒音問題もよくあること**です。

物件の宿泊可能人数が増えれば増えるほど、そのリスクは高くなります。

友人同士、グループで旅行をしていると、羽目をはずしたくなることもあるでしょう。

周辺に民家の少ない、田舎のリゾート民泊ならそれでも問題ないかもしれません。

しかし、住宅の密集した都会では、それがトラブルのもとになるのです。


もちろん都会であっても、物件選びの際に指摘したように、同じ建物内で複数の民泊が営業している**「民泊マンション」や、繁華街や大通り沿いの賑やかな立地の物件であれ**

ば、比較的騒音に対して寛容なところはあります。

とはいえ、それにも限度はあります。なので、先程も触れたように、ハウスマニュアルで「夜8時以降、朝6時前は静かに」と注意喚起をしておいたほうがいいですし、Airbnbなどの**予約サイト上で「パーティ不可」という条件を加える**ことも大事です。

パーティ好きのグループは若者が多く、滞在日数が短いという特徴があります。

私は基本的に、ファミリー層や長期滞在のゲストを対象に考えているので、**宿泊の日数を最低3泊か4泊以上に設定**しています。そうすると、だいたいは希望する客層のゲストに利用してもらえるようになり、管理もしやすくなりました。

それでも、ときには夜中に騒音を立てるゲストもいなくはありません。そうすると、近隣の人から私のところに苦情が入ってきます。

民泊を開始するにあたっては、**周辺の半径数メートル以内の家には、民泊をはじめるという通知をポスティング**しなければいけません。私は、なるべく**お会いして民泊についての説明**をしています。

その際、何かあれば私のところに連絡をもらえるようにお願いもしていますし、もしも連絡があればすぐに対応するようにしています。

そして、**あまりにひどい場合は「警察に通報して構いません」**と、近所の方々には伝えています。

宿泊人数の多い物件のいくつかには、玄関先に、育児や介護用の**声かけ機能や通話機能が付いた見守りカメラを設置**しています。

自分の携帯アプリで室内の様子が見られ、会話もできたりするので、近隣から苦情が入った場合には「静かにしてください」と声をかけることができます。たいていは、カメラから注意されるとは思ってもいないので驚いて、それ以降は静かになります。

日本人は「お客様は神様です」という意識が強く、ゲストの要求することは絶対、ホスト側から要求や注意をしたらいけない、と思っている節もあります。なので、ハウスマニュアルなどで細々とした注意をしないほうがいい、と考える人もいるかもしれません。

しかし、外国人の旅行者を相手にしていると、そんなことを考えてはいられません。

ゲストはゲストで好き勝手なことを言ってくる人はいます。それが自分の権利だと思っているのでしょう。でも、そんな言葉に心を折られないようにしてください。**ゲストとホストは対等の関係**です。できることはできる、できないことはできないと、はっきり伝えればいいだけです。

至れり尽くせりのおもてなしを期待するのであれば、高級ホテルや旅館に行ってもらえばいいだけの話なのです。

民泊が意外と安全なわけ

ここまでは私が経験した代表的なトラブルを紹介してきました。

民泊の運営を5年もやっていれば、いろいろなことがあります。

でも、意外と私自身は危険な目に遭っていません。

私が民泊をはじめたときは家主居住型でしたが、その頃はよく「女性1人で危なくない？」と聞かれました。

でも、**身の危険を感じることはなかった**というのが正直な答えです。

もちろん部屋の鍵はかけて、プライバシーはきちんと守るようにしていました。

ただ、それ以上に、民泊というシステムが安全を担保してくれているのだと思います。

予約サイトを利用する場合、**ゲストはサイトに身元を登録**する必要がありますし、**予約の際にはクレジットカードを使用**します。それだけで犯罪の抑止になるでしょう。

加えて、申し込みの時点ではまだ予約が完了したわけではありません。**受け入れるかどうかは、ホストの側で判断**することもできます。

また、日本の法律ではホテルや旅館はもちろん、民泊でも宿泊者名簿を作成することが求められています。**名簿は3年間保管し、都道府県から求められれば提出**しなければいけません。2カ月ごとの定期報告もあります。

さらには海外からの宿泊者を泊める場合、**パスポートを提示してもらい、旅券番号を控える**ことにもなります。

私の場合、予約申し込みをもらった時点で、Googleフォームで作成したページを送り、

旅券番号が記載されたパスポートの画像データなどを送ってもらいます。

もしもここで手続きを嫌がったり、送られてきたデータの顔写真などが不鮮明だったりしたら、私のほうから予約をキャンセルすることも可能なのです。

そして、チェックイン時には本人確認をする必要もあります。

最近はコロナ禍でもあるので、対面での本人確認が緩和された自治体が増えましたが、無人でチェックインする場合、私の民泊では、玄関に監視カメラとiPadを設置し、テレビ電話状態で本人確認を行うようにしています。

こういった義務があることは、一見面倒なように見えますが、運営側にとっての安全を守ってくれることでもあるのです。

問い合わせには定型の英文メッセージを用意

Airbnbでは**ゲストから高評価を受けているホストを「スーパーホスト」に認定**してい

ます。このスーパーホストは、検索をかけた際に上位に表示されるようになっているのです。

こうした人に共通する点の1つが、対応の早さです。

ゲストから問い合わせやクレームが入った場合、現地に直接伺えないにしても、**チャットメッセージで早めの対応**をしています。迅速な対応が、トラブル解決としても、高評価を得るためにしても、一番重要なポイントだと思います。

ゲストから寄せられるクレームやその他の問い合わせは、だいたいは似たものだったりします。**「よく聞かれるな～」と思う質問については、定型の文書を作り、翻訳アプリで英語に翻訳して保存**しておくといいでしょう。

あとは、同じ質問がくるたびにコピペしてメッセージすればOK。所要時間は数秒で済みますから、会社勤めをしながらでも可能です。

同じことが、チェックインやチェックアウトのゲスト対応にもいえます。

会社員として働いていると、ゲストがチェックインするときも、チェックアウトするときも、現場で対応することはできません。

それでも、チェックインしたら予約サイトから通知が来るので、**即座にウェルカムメッセージなどを送り、何か困ったことは起きていないか聞いてみたりします。**

チェックアウトの際も、同様に**通知が来たらすぐサンクスメッセージを送る**ようにします。そのときに忘れ物や壊れた物品があれば、確認してもいいでしょう。

こうすることだけでも、ゲストからの印象は違います。

高評価レビューをもらうには

トラブル対応の流れで最後に触れておきたいのが、ゲストからの評価です。

民泊をはじめたのに、なかなか予約が入らない人の特徴の1つが、この**レビュー件数が少ない**ことです。

みなさんも、自分でホテルや旅館を探すとき、少なからず宿の口コミや星の数を参考にしますよね。これは民泊でもまったく同じです。

先程のウェルカムメッセージやサンクスメッセージは、ゲストに好印象をもってもらい、高評価を入れてもらうためにも欠かせません。

特にチェックアウト後には、掃除をして問題がなければ、**「きれいに使ってくれてありがとう。また来てね！」**といったメッセージとともに、**「ぜひ、よいレビューをよろしくね！」などとレビューのお願いをしましょう。**

日本人同士だとついつい遠慮して、「よろしくね」の一言が言えなくなりますが、外国人のゲストが相手なら遠慮する必要はありません。

また、ときには早めにチェックインできないかとか、チェックアウトを遅らせたいと希望するゲストもいます。

掃除が済んでいれば早めに入っていただいてもいいし、**掃除の時間を調整できそうならチェックアウトを遅らせることもOK**にしています。

別に追加料金を取る必要もありません。それだけでお互い気持ちよくやりとりできるようになれば、それでいいと思っています。

その代わり、きちんとレビューで高評価をつけてくれるようにお願いしています。

それ以外にも、家主居住型なら、**チェックアウト時に一緒に記念撮影**するのもいいでしょう。その写真をチャットメッセージから送る際に、レビューをお願いするのです。

こういうお願いをすれば、海外からのゲストは、かなり高い確率で高評価のレビューを入れてくれるはずです。

こうした積み重ねが予約サイトの高評価につながっていきます。

ちなみに、**Airbnbでは、こうした高評価レビューを積み重ねていくことで、「スーパーホスト」に認定**されます。

そうすると、先程も触れたとおり、ゲストが宿泊先を検索した際に、**その地域の民泊物件の中でもっとも目立つ位置に表示**されるようになります。

そうなると必然的に、予約数も跳ね上がり、売上も大きいものになっていくのです。

そこまでいけばあなたの民泊運営も安泰。

資金が貯まっていったら、次の物件を検討してみるのも悪くありません。

鳩子流 サイト作りとトラブル対応

重要ポイントの復習！

☑「ゲスト向け情報」活用でトラブルを予防！

ゲストからの連絡の99%がチェックイン時。Airbnb上の「ゲスト向け情報」に道順・入口・鍵の開け方・Wi-FiのID とPASS・家電の使い方などを掲載しておくことで、かなりトラブル回避が可能に。Airbnbが宿泊２日前に自動送信してくれます。また、ゲストからのクレームや質問は、定型の文面を作って保存しておくと便利です。

☑ハウスマニュアルでホスピタリティを！

ところ変われば文化もマナーも違うもの。家電の使い方から日常生活の注意点まで、自分が海外を旅行するならどんな情報があると便利か、逆の立場で想像しながらハウスマニュアルの作成をしましょう。コツコツ努力することが、ゲストからの高評価レビューやリピーター獲得へとつながります！

☑ 苦情対応には事前の根回しも！

近隣からの苦情が入ってしまうことはあるもの。そのときにきちんと対処しておかないと、「マンション全体で民泊禁止！」となることも。ご近所には事前にあいさつをしておいて、何かあったらすぐに対応できるような関係を築いておきましょう。

☑ 高評価レビューが何より大事！

ゲストの評価が民泊運営のカギを握る！　チェックアウト後のメッセージと一緒に「レビューを入れてね」とお願いを。高評価が貯まるとスーパーホストになれて、Airbnbの検索でも目立つ位置に表示が。民泊の成功はレビューが超重要です！

第 5 章

民泊は、
地方でもうまくいく!

民泊で稼げるのは東京だけじゃない

ここまで、副業としての民泊をはじめるにあたり、役立つことを紹介してきました。基本的な内容は、フルタイムで会社員をやりながら東京で民泊を立ち上げてきた私の体験をベースにしています。

とはいえ、読者のみなさんの中には、首都圏以外の方も少なくないでしょう。ですから、ここでは、そうした**地方にお住まいの方**に向けたお話をしていきたいと思います。

地方で民泊は成り立つのか？

東京以外の場所であっても、民泊をはじめるにあたっての基本的な考え方は変わらないと思います。

ただし、手続きの難易度は自治体によって異なるので、自宅近くのエリアが民泊をやりやすいのか、やりにくいのかはあるでしょう。

それにそもそも、**自分たちの自宅エリア周辺で民泊の経営が成り立つのか**、というのも大きな課題です。

では、東京都心以外の場合はどうなのかというと――。

首都圏の場合、神奈川・千葉・埼玉の都市部は、都心と同じように考えて大丈夫です。

ただ、そうした首都圏でも、郊外の住宅地エリアの場合は、そこから近い都内のターミナル駅周辺を候補に考えるほうがいいでしょう。

ちなみに**首都圏では、湘南・箱根・房総半島などは、リゾートのような民泊も可能性**があります。

また、北九州市や新潟市、万博の開催を控えた大阪府・大阪市などは、特区民泊になっているので、行政も力を入れていてやりやすいと思います。

その他、**北海道や沖縄など観光資源に恵まれた道府県も民泊の数は増えています。**

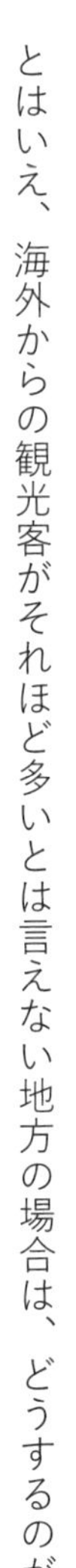

とはいえ、海外からの観光客がそれほど多いとは言えない地方の場合は、どうするのがいいでしょうか？

これについては、1章の物件探しの項目でも触れましたが、東京や大阪のような**大都市圏の街中でなくても、上手に収益を上げていく方法があります。**

実際、Airbnb のコミュニティを通じて知り合った地方のオーナーさんや、私が民泊の立ち上げをレクチャーしているオンラインサロンにこられている人の中には、現在住んでいるエリアで成果を上げている人たちがたくさんいるのです。

なので、地方で副業民泊を運営するために必要なものは何なのか、ここからその条件を考えていきたいと思います。

祭りのシーズンだけで40万円を稼ぐ部屋

まず、青森県にお住まいのAさんの例をお話ししたいと思います。

Aさんは、夫婦と子ども2人の4人家族で、自宅は4DKの大きな一軒家。そのうちの1部屋は、以前は物置になっていました。

これをそのままにしておいても、もったいない……。

そこで、物置部屋を片づけ、家主居住型の民泊として貸し出すことにしたのです。

ちょうど時期は、2022年の8月。

新型コロナの影響で中止になっていた青森ねぶた祭が、3年ぶりに開催されました。

ただし、Aさんの自宅は、青森ねぶた祭の会場となる**青森市から車で1時間半はかかる場所**にありました。

この立地だと、お祭りだけを目的に泊まりにくる人はあまりいないだろうと思いつつ、民泊をオープンしたといいます。

しかし、なんと、**お祭り期間を中心に10日間の宿泊予約**が入ったのです。**宿泊料金は総額40万円**にもなりました。

ちなみにAさんの自宅は賃貸でしたが、1カ月の家賃は5万円ほど。これだけで**年間家賃の3分の2を回収**できることになったのです。

実は、青森ねぶた祭の期間は、青森市内のホテルや旅館は何年も前から予約でいっぱいになってしまいます。

このときは3年ぶりのお祭りでしたが、開催が決まるとあっという間に宿泊施設の予約が埋まりました。

予約が取れたとしても、狭いビジネスホテルの部屋で1泊10万円なんていうのもざら。これではなかなか青森市内に泊まることはできません。

そこで、**ホテルや旅館が取れなかった観光客の方々は、郊外の民泊施設を探すことになるわけです。**

とはいえ、車で1時間半はさすがに遠いとみなさんも思ったでしょう。

でも、実際、日本を旅行する欧米からの外国人観光客の中には、**レンタカーを借りて、自分の運転であちこちを見て回るという人が、思いのほか多くいます。**グループで複数台の車で旅行する人たちもいるほどです。

特にアメリカやオーストラリアは車が生活の中心ですし、ヨーロッパでも車で国境を越える移動が日常茶飯事。イタリアなどで人気の、農場に宿泊して農業体験をするアグリツーリスモなども車でないと行きづらい場所にあったりします。

そんな旅のスタイルに慣れた人たちにとって**1時間半程度の運転は慣れっこ**なのです。

Aさんのお宅は**駐車場も広く、レンタカー移動のゲストにうってつけの条件**でした。

そのとき滞在したゲストも、青森ねぶた祭を見にいく以外の日には、車を運転して**青森県内の観光地を見て回り、満足して帰っていった**ということでした。

地方は車移動の観光客を狙え！

この例からもわかるように、**「地方で民泊は無理」とあきらめるのはまだ早いです！**

人口が少なく、観光客があまりいないと思っていた場所に住んでいたとしても、ちょっと視野を広げてみると、意外と可能性はあります。

Aさんのケースのように、自宅の空き部屋を使う民泊は、従来の旅館業法では開業が難しいものでしたが、民泊新法ができたことで、民泊営業が可能になりました。

その結果、Aさんのように**地方で戸建てを持つ人にとって、今は民泊をやるのにとても追い風**です。

しかも、日本は鉄道網の充実度が高いことは世界的に知られていますが、実は**高速道路をはじめとした交通インフラもかなりのレベル**にあります。

そんな高速道路網のある日本に、長い休暇が取りやすく、車で家族や友人たちとあちこち旅行するのが当たり前な欧米の人たちがきたら……。

確実に**その中の一定数の人たちは、地方を車で観光したいと思っている**のです。

実際、私がこれまでに出会ったゲストにも、東京でレンタカーを借り、富士山に寄ってから飛騨高山をめぐり、関西や九州まで各地の民泊を泊まり歩きながら、数週間の旅程で回ってくるというような方が何人もいました。

日本の地方を旅したいゲストからすると、**街の中心部から離れていても、車で移動しやすいところなら、選択肢に入る**ようになってきています。

つまり、**広い駐車スペースがある地方の戸建て民泊は可能性が広がってくる**、というわけです。

もちろん、Aさんのケースも「お祭りのある時期しか予約が入らないでは？」と思った方もいるかもしれません。たしかに、基本的に繁忙期はお祭り前後になります。

でも、お祭り前後の10日間だけで40万円も稼げたら、**副業としてはかなりのレベル**といってもいいのではないでしょうか。

Aさんは自宅を民泊にした家主居住型なので、消防設備などの追加はほぼ必要なし。家電の追加も不要で、家具はゲスト用のベッドなども最小限の購入だけで事足ります。

実際、民泊開業にかけた費用は、**トータル20万円もいっていない**でしょう。

新たに物件を探して契約する必要のないこうした地方の民泊は、比較的少ない初期費用でそこそこ稼ぐことができる、とても効率的な副業といえるのです。

地方の戸建て住宅なら、家族が使う部屋以外に、客間や納戸にしている部屋、独立した子どもが使っていた部屋などが、1つや2つはあったりします。

もし、**今あなたの家に空き部屋が1つでもあるなら、コストをあまりかけずに民泊で稼げる可能性がある**かもしれません！

キーワードは「海・山・川・雪・祭り」

Aさんのケースでは、家や駐車スペースの広さも大きな要素ですが、やはり青森ねぶた祭という集客力の高いコンテンツがあった事実は見逃せません。

では、外国からの観光客に「この地方を旅したい！」と思ってもらえるためには、どのような要素が必要なのでしょうか？


民泊運営をはじめてからこれまでに、たくさんの外国人ゲストと接してきましたが、彼ら・彼女らが好むのは、ずばり、**「海・山・川・雪・祭り」**です。

もし、みなさんがお住まいの地方や実家のあるエリアに、次のような要素があるとしたら、民泊でうまくいく可能性があるということです。

- 夏のビーチリゾートに近いエリア
- 風光明媚（ふうこうめいび）な山並みを望む高原地帯
- 渓流（けいりゅう）釣りや川下りにラフティングなどのアクティビティが充実した田舎町
- 冬にはスキーやスノーボードを楽しむことができる場所
- 日本中からお祭りを目的に大勢の人が訪れる自治体

こういった場所ならば、**個人で民泊を運営していくのに十分な観光客の需要が見込める**でしょう。

とはいえ、みなさんの中には、「すぐ近くに、ビーチも、スキー場も、有名なお祭りもないんだけど……」という方もいるでしょう。

でも、**日本人が考える旅行者向けの観光スポットと、外国人が求める日本の観光スポットでは、意外なほど認識に差があります。**

外国人の旅行客が旅行先に求めるものは、本当に多種多様です。沖縄や北海道のような、世界的に知られたビーチリゾートやスキー場は当然といえるかもしれませんが、それ以外の要素を求める人も少なくありません。

欧米からのゲストに人気が高いのが、川を下る**ラフティングなどのアクティビティ。**日本国内でも、設備を整備して観光客を誘致している自治体は増えています。

また、**何もないような場所でゆったりと休暇を楽しみたい**という旅行者もいます。**花見などの風習や四季折々の自然の風景も、外国人にはウケがいい**ようです。

さらに、日本は世界的に見ても、**地域独自のお祭りがたくさんある国**といえます。

先程の青森ねぶた祭はもちろん、東京の三社祭・岐阜の郡上(ぐじょう)おどり・京都の祇園祭・徳島の阿波おどり・福岡の博多どんたく・沖縄のエイサー等々、何十万、何百万もの人がくるお祭りがあります。

そうしたお祭りを楽しむために来日する外国人旅行者も想像以上に多く、地元以外ではさほど有名でないお祭りであっても、調べてやってくる外国の人さえいます。

しかも、そういった地方には、たいていその土地でしか体験できないものがあり、**おいしい郷土料理や地酒**などもあって、周辺には観光地も点在していますから、お祭りだけでなく前後1〜2週間はレンタカーで周遊しまくる、というパターンは多いのです。

では、こういった海外からくる観光客のニーズは、どうすればつかめるのでしょうか？たとえば、**英語の旅行ガイドブック『ロンリープラネット』**や「**トリップアドバイザー」などの旅行の口コミサイトなど**を見てみるといいでしょう。

そこには、日本人はまったく訪れないのに、海外の人がたくさんくるようなスポットが紹介されています。

また、最近は**外国の旅行系インフルエンサーが、YouTubeやSNSで日本を紹介し、実際に彼らが勧めたスポットに、外国人が列を作る**ようなことも出てきていますから、そうした情報にもアンテナを張り、自宅近くで民泊ができそうかを判断するのもアリです。

ちなみに、米紙『ニューヨークタイムズ』が発表した「2023年に行くべき街52選」では、1位のロンドンに次いで、岩手県盛岡市が2位に選ばれていました。市内に多く残る大正時代に建てられた和洋折衷(わようせっちゅう)の建築物や、わんこそばなどの地元の料理が高く評価された結果だそうです。

京都や金沢など、これまで海外で有名だった観光地を抜いて盛岡が2位に選ばれたというのは、それだけ日本各地にある観光地のポテンシャルが高い証拠ともいえるでしょう。きっとこれからも、海外から新たに日の目を見る観光地は増えていくはずです。

外国人観光客も聖地巡礼がブーム

さらに最近、外国人観光客の注目を集めているのが、コンテンツです。漫画やアニメで知られる「SLAM DUNK」の影響で、江ノ島電鉄の踏切に観光客が集まっているという話題はみなさんもご存じでしょう。

いわゆる**「聖地巡礼」**と呼ばれるもので、**漫画やアニメ、映画などの舞台を訪れたい**というファンはたくさんいます。

アニメや漫画が「クールジャパン」の名のもと、世界中に評価されるようになって以来、この傾向は続いています。

先程の「SLAM DUNK」は江ノ島・鎌倉という東京近郊の有名観光地の話ですが、それ以外にも**アニメの舞台として有名になった埼玉県久喜市の神社（「らき☆すた」）や大洗海岸（「ガールズ&パンツァー」）のように、以前から地方の聖地はたくさん存在**します。

最近では地方自治体がアニメとタイアップして、観光客の誘致や知名度アップを狙うケースも増えていますから、こうした要素も民泊の近隣にあればうれしいところです。

また、**地方でもスポーツの国際大会が開催される**ことが多くなっています。

先頃開催されたヨットの国際大会の際には、会場近くにある民泊に、その大会に出場する代表選手が泊まりにきたという話も聞きました。

こうした**定期的に開催されるようなイベントも、民泊をやっていくうえでは重要な要素**です。

外国人観光客が好むのはメジャーな観光地だけではない

一方、あまりメジャーな場所でなくても、民泊向きのエリアはあります。

それが**メジャーな観光地へのルート上に位置する都市や、有名観光地の近隣地域**です。

先程も触れたように、レンタカーで数週間も日本を旅して回る人たちは、**移動ルート上の地方都市に数日ずつ滞在する**ことが多くなります。

東京から大阪までの間に中部地方を回ったり、北海道に向かう途中で東北地方を観光したり、大阪から中国・四国地方に寄りながら福岡へ向かったり、という具合です。

だから、高速道路や幹線道路のルート上にある地方都市や、そこからちょっと足を延ばせば行けるローカルな観光地周辺も、民泊で稼げる可能性が十分にあるのです。

また最近は、**お金の問題で、ゲストが目的地の隣県の宿を検討するケース**もあります。

たとえば、京都は海外の観光客からも人気が高く、インバウンドの復活とともにホテル代も軒並み高騰してしまいました。大阪のホテルもかなり値段が上がっています。それもあって、京都や大阪の中心部を避け、神戸や姫路などに流れることも出てきています。

その他、自治体によっては民泊に対する上乗せ条例の規制が厳しい場所もあり、**率先して民泊を選びたいゲスト層が周辺自治体に流れている**実態もあります。

こういった状況を見ていると、民泊への希望は各地に広がっていくように感じます。

結論からいうと、**地方の主要都市でターミナル駅などの周辺**や、**人を呼ぶ力のある自然・お祭り・その他イベントに、車で1時間台で行けるような駐車場付き物件**ならば、今、チャンスは十分にあるのです。

自分の住むエリアでどれくらい可能性があるかを知りたければ、1章でもお伝えしたように、Airbnb などの民泊予約サイトで周辺の宿泊施設を検索してみてください。

そのエリアに**宿泊施設が5軒以上あるなら可能性あり**と考えていいでしょう。民泊だけでなくビジネスホテルの有無も指標になるので調べてみてください。

観光協会やツーリストインフォメーションなどで、その自治体の訪日観光客数がわかる場合もあるので、それを参考にしてもいいと思います。

近頃は「日本はもう4回目です！」というような日本大好きな外国の方もいて、東京・大阪・京都はすでに体験済みだから**今度はメジャーではない地域に行ってみたい**、と望む人たちもどんどん増えています。

そんな中で、地方都市の優位性は、**東京に比べて家賃が大幅に安い**こと。

東京ではちょっとした1LDKでも15万円くらいはしますが、地方ならその半分以下の金額で、3DKや4DKの一軒家が借りられたりもします。

当然、物件を借りるための敷金・礼金なども安くなりますから、一から物件を借りてはじめるにしても、**初期費用は100万円もかかりません。**

ですから、もし地方在住で、自宅の部屋に空きがあるようなら、まずは1部屋からの家主居住型の民泊をはじめてみることをオススメします。

コストもほとんどかからないので失敗を恐れる必要もありませんし、ちょっとしたお小遣い稼ぎくらいの感覚で、まずはスタートしてみるといいと思います。

縁のある地方でチャンスをつかもう

現在地方にお住まいの方以外にも、実家が地方にある、自然豊かな場所に移住してのんびり民泊をはじめたい、といった方々もいらっしゃるかと思います。

この章の最後では、そうした方に向けたお話をしていきたいと思います。

空き家を民泊で活用する、という提案

今、日本の地方自治体で問題になっているのが **「空き家問題」** です。

総務省の調査では、**２０１８年時点で日本の空き家は約８４９万戸もある**といいます。

実際、都市部で暮らす読者の中にも、実家がすでに空き家になられた方もいるでしょう。

あるいは祖父母の暮らしていた家が空き家というケースもあるかもしれません。

なかには、実家に家族は住んでいるけれど、離れや別棟が空いたままだというケースもあるでしょう。

こうして空き家になってしまった家は、ただ放置しているだけで固定資産税などがかかり、庭木なども伸び放題になり、建物も傷んでいきます。

しかも、人口が減少し、地方都市もだんだんと過疎化が進んでいる現在、**地方の戸建て住宅は売りたいと思っても、なかなか買い手が見つからない**といいます。

でも、読者のみなさんの周りに、もしそのような空き家があるとしたら、そこにチャンスが生まれます。誰も住んでいない空き家を放置しておくぐらいなら、いっそ**一棟貸しで民泊をやってみるのも手ではないでしょうか。**

また、今はまだ東京などで仕事をしているけれど、将来的にリタイアしたら地元に戻りたいと思っている方もいるでしょう。であれば、**それまでの期間を民泊にして運用し、リタイアしたら自分で住む**というプランも可能なのです。

実家民泊や地方移住で民泊をするときに大切なこと

とはいえ、今の自宅から遠くにある実家などで民泊をするには、**管理の問題**が浮上します。

集客はAirbnbなどの予約サイトでしてくれますし、チェックインやチェックアウト自体は電話やオンラインで可能ですが、**チェックアウト後の掃除などは、ゲストが帰るたびに現場でやらなければならない**からです。

もちろん、代行業者さんがいる地方の中核都市なら、全部を委託するということもできます。契約条件や予算が折り合えば、民泊の利益から管理費を捻出(ねんしゅつ)することは可能でしょう。

しかし、地域によっては、代行業者さんがほとんどいないところもあります。そうなると、なかなか難しくなってくるのです。

ただし、そんなときこそ、実家民泊の強みは発揮されます。

自分はすっかり故郷を離れていたとしても、家族や親戚、学生時代の友人などで、まだ地元に残っている人はいるはずです。

そうした**ツテをたどっていけば、管理の代行をお願いできる人が見つかる**ことも少なくないのです。

実は、空き家になった実家で民泊をはじめるには、こうしたコネが絶対に欠かせません。

民泊をはじめる際には、現場の管理だけでなく、ご近所への説明もしなければいけませんが、地元に協力してくれる人がいればやりやすくなります。

だから、私は常々**「地方で民泊をやるなら、自分に縁のある場所で」**と言っています。

一方、実家での民泊と違い、気をつける必要があるのは、**地方移住のように縁もゆかりもない田舎でいきなり開業するケース**です。

もちろん、縁もゆかりもない場所で民泊をはじめても成功することはあります。

実際に、周辺にレストランもショップもないような場所でありながら、里山に囲まれた環境を生かして、一棟貸しの民泊を運営しているスーパーホストもいます。

でも、そういうホストの多くは、自身もその地域に溶け込んで、とても積極的に活動をしている方がほとんど。

山菜採りツアーなどのイベントも主催して、地域の活性化のために努力を続けてはじめて、民泊も軌道に乗るようになった、というのが実情なのです。

このように、友人も知人もないような状況で民泊をやっていくには、並々ならぬエネルギーが必要です。

この本のテーマである、副業としての民泊という意味では、やはり縁もゆかりもない地域での民泊は、なかなか簡単ではないと思います。

それでも、縁のない地方で民泊をやりたいのであれば、更なるスキルやノウハウを身につけ、場合によっては**飲食業や旅館業の許認可を取って専業でやるぐらいの覚悟が必要**になってくると思います。

地方のポテンシャルを信じよう

今、海外の人たちは本当に日本を愛してくれています。

都市部からちょっと行けば、山があり、海があり、緑も、砂浜も、温泉も、絶景も、一度に楽しめる。

水道の水を安心して飲める国なんてそうそうありませんし、食事も安くておいしい。

治安もよくて、ぼったくりの被害に遭うこともまずない。

地方ごとの気候や文化も異なるので、ちょっと国内線や新幹線に乗れば、まったく違う風景を見ることができる。

交通網にしたって、どの地方でも諸外国に比べると整備されているので、日本の人があまり見向きもしないような場所でも、全世界からコアな日本好きがきてくれる。

本当に、**旅をするのにコストパフォーマンスが高い国**といっていいでしょう。

それなのに、**宿泊施設が足りないという現実があります。**

私が出会ったゲストにも、「地方で民泊があれば泊まりたいのに……」という外国人観光客は少なくありませんでした。

もし、そんな自然や景色がきれいな場所に、**「暮らしながら泊まれる」民泊があれば、その地域にお金を落としていきたい海外の人たちは、たしかにいる**のです。

たとえ地方のひなびたように感じられるエリアであっても、今の時代はＳＮＳなどの発信次第で、海外の人が魅力ある場所を見つけてくれるようになりました。

やり方の工夫によって、その地方独自のアミューズメントを求めて、世界中からゲストはやってきてくれるようになるでしょう。

どんな地方であっても、民泊ビジネスがうまくいくチャンスは、これまで以上に広がっているのです。

鳩子流 地方での民泊

重要ポイントの復習！

☑ 地方でも民泊できる場所は想像以上に多い！

日本にくる外国人はレンタカーを使って各地をめぐる人も多いので、街の中心部から離れていても、車で移動しやすいところなら民泊ができる可能性も。特に戸建てで駐車スペースがあると有利で、家主居住型ならコストもあまりかからずにはじめられます。余っている部屋があるなら一度考えてみるのもアリ！

☑ 「海・山・川・雪・祭り」がキーワード！

外国からの旅行者が日本の地方に求めるものは、ずばり「海・山・川・雪・祭り」です！　地元の人には当たり前のものでも、外国人にとってはわざわざ行ってでも見たい魅力的なものに。お花見などの四季折々の行事も外国人には人気です！

☑ 漫画やアニメの「聖地巡礼」も大人気！

漫画やアニメのコンテンツ目当てで日本にくる外国の人も。アニメや映画などで実際に登場した場所へ出向く「聖地巡礼」は外国人にも人気なので、もし自宅の近くにそのような場所があったら、それに便乗して民泊をやるのもOKです！

☑ 実家など、縁のある場所だと何かと便利！

近年は地方にある実家が空き家になっているケースも。であれば、ただ空き家を放置しておくより、民泊として活用するのが◎。管理業者さんがいないようなエリアだとしても、親戚・友人・知人などに掃除等の管理を代行してくれる人が見つかれば、遠隔での運営も可能です。自分に縁もゆかりもない地方でいきなり民泊をはじめるより、断然オススメ！

あとがき

1軒目の民泊をはじめてから5年が経とうとしています。
そのときはまさか、こんなに民泊をやるとは思っていなかったですし、ましてこのような本を出すなんて夢にも思っていませんでした。

そもそも、私が民泊のすごさを知ったのは世界一周旅行のときです。世界一周旅行に出ようと思ったきっかけは、会社員生活に行き詰まりを感じていたからでした。
あのとき仕事に感じていた「モヤモヤ」が、私の人生を変えるきっかけを与えてくれたんだな、と思うと今でも不思議な気持ちです。

副業としての民泊のいいところは、1軒やってコツがつかめれば3〜5軒ぐらいは1人で運営できることです。

また、小さいお部屋でも、大きめのお部屋でも、立ち上げてしまえば日々の手間はほとんど変わりません。

もちろん、ブログなど0円からはじめられる副業と比べれば、初期費用が必要になってきますが、ちゃんと手堅い部屋を作ればしっかり稼げますし、ビジネス初心者でも再現性の高い副業だと思っています。

私は民泊の副業をやるようになってから、お金に余裕ができ、精神的にもゆとりができました。それは、会社以外の世界を知ることができたことも大きいです。

自分でビジネスをやることで、会社で働くだけではわからなかった発見がたくさんありましたし、民泊仲間とコミュニティを持つことで今までにないつながりも生まれました。

何より、泊まりにきてくれた外国の方から「日本最高だったよ！」とメッセージをいただけると最高にうれしいです。

私が民泊をやっていることを知っている知人からは「会社は辞めないの？」と聞かれる

こともたびたびありますが、実は会社は会社で好きなんです。

今でこそリモートワークは増えましたが、会社に行って同僚たちとたわいもない雑談をするのも楽しみですし、会社員としての仕事にはそこにしかないやりがいもあります。

それに、やっぱり毎月お給料をいただける安心感はそうそう手放せません！

もちろん、「民泊で稼いで会社を辞めたい！」と思っている方なら、それはそれでいいと思います。とにかく一歩を踏み出してみてくださいね。


最後に、この本の届出や法律的な部分は行政書士のヤッケン先生（三村泰貴さん）に全体的なチェックをしていただきました。おかげさまで自信を持ってみなさんにオススメできる一冊になりました。ありがとうございます。

この本が少しでもみなさんのお役に立てたら、こんなにうれしいことはありません。

ここまで読んでいただき、本当にありがとうございました。

ぽんこつ鳩子

ぽんこつ鳩子　民泊 Twitter No.1の OL / 民泊コミュニティ主宰

商社勤務のフルタイム OL。副業で都内に民泊14軒、シェアハウス４軒を経営。29歳のときに仕事に行き詰まり、仕事を休職して700日間の世界一周の旅に出る。そこで民泊ビジネスに出会い、帰国後民泊経営をやることを決意。当時の１カ月の給料は約20万円であったが家賃18.5万円の一軒家を借りて家主居住型の民泊をスタート。家賃と生活費を民泊の収益で賄う。その後、どんどん物件を増やしていくが、2020年からのコロナ禍により経営は大打撃。「インバウンドの復活」を信じ、規模を縮小しながら民泊を続ける。現在はコロナ禍の影響からも立ち直り、再び物件を増やして収益も上げ続けている。「民泊新法」に則った民泊ビジネスを得意とし、2022年10月に民泊を立ち上げるコミュニティ「令和の民泊サロン」を主宰し、ノウハウを伝授している。
Twitter アカウント（@goro2_traveler）

民泊1年生の教科書
——未経験、副業でもできる！

令和5年7月10日　初版第1刷発行
令和6年11月10日　　　第6刷発行

著　者　ぽんこつ鳩子
発行者　辻　浩明
発行所　祥伝社
〒101-8701
東京都千代田区神田神保町3-3
☎03(3265)2081(販売)
☎03(3265)1084(編集)
☎03(3265)3622(製作)

印　刷　萩原印刷
製　本　ナショナル製本

ISBN978-4-396-61805-6 C0030
Printed in Japan
祥伝社のホームページ・www.shodensha.co.jp